Reliure serrée

SUPPLEMENT

AU MEMOIRE

DU SIEUR

DE LA BOURDONNAIS.

A PARIS,

De l'Imprimerie de *DELAGUETTE*.

M. DCC. LI.

SUPPLEMENT
AU MÉMOIRE
DU S^R DE LA BOURDONNAIS.

E Sieur *de la Bourdonnais* a crû devoir
attendre la fin de l'Inftruction pour rendre
compte au Public de fes Obfervations fur les
nouvelles Piéces , qui font fucceffivement
parvenues à fa connoiffance , depuis la diftri-
bution de fon Mémoire. Il s'eft flatté qu'en
différant d'écrire , pour raffembler dans un feul Supplément,
tout ce qu'il auroit pû dire féparément fur chacune de ces
Piéces, à mefure qu'elles fe font préfentées , il épargneroit
au moins une multiplicité d'Écrits , dont il a craint de rebuter les perfonnes qui lui font l'honneur de lire fa Défenfe,
& de s'intéreffer à fa Juftification.

Ces Piéces font au nombre de fix , dont trois tendent à
charger le fieur *de la Bourdonnais* , les trois autres font totalement à fa décharge.

Les trois premieres font 1°. Une Brochure anonyme imprimée *in-8°*. en Anglois & en François , 2°. Une Déclaration foufcrite à *Pondichery* par le fieur *Friel* Neveu du
fieur *Dupleix* & par le fieur *Dupleix* lui-même , 3°. Une
Lettre imprimée *in-4°*. fans nom d'Auteur ni d'Imprimeur.
On pourroit fans doute fe difpenfer de répondre à ces deux
Anonymes , parce qu'en matiere de Procès , & fur-tout
dans une affaire auffi importante que celle-ci , ces fortes

A ij

SUPPLEMENT
AU MÉMOIRE
DU S^R DE LA BOURDONNAIS.

E Sieur *de la Bourdonnais* a crû devoir attendre la fin de l'Inſtruction pour rendre compte au Public de ſes Obſervations ſur les nouvelles Piéces , qui ſont ſucceſſivement parvenues à ſa connoiſſance , depuis la diſtribution de ſon Mémoire. Il s'eſt flatté qu'en différant d'écrire , pour raſſembler dans un ſeul Supplément, tout ce qu'il auroit pû dire ſéparément ſur chacune de ces Piéces, à meſure qu'elles ſe ſont préſentées , il épargneroit au moins une multiplicité d'Écrits , dont il a craint de rebuter les perſonnes qui lui font l'honneur de lire ſa Défenſe , & de s'intéreſſer à ſa Juſtification.

Ces Piéces ſont au nombre de ſix , dont trois tendent à charger le ſieur *de la Bourdonnais* , les trois autres ſont totalement à ſa décharge.

Les trois premieres ſont 1°. Une Brochure anonyme imprimée *in-8°*. en Anglois & en François , 2°. Une Déclaration ſouſcrite à *Pondichery* par le ſieur *Friel* Neveu du ſieur *Dupleix* & par le ſieur *Dupleix* lui-même , 3°. Une Lettre imprimée *in-4°*. ſans nom d'Auteur ni d'Imprimeur. On pourroit ſans doute ſe diſpenſer de répondre à ces deux Anonymes , parce qu'en matiere de Procès , & ſur-tout dans une affaire auſſi importante que celle - ci , ces ſortes

A ij

d'Écrits font toujours comptés pour rien. Cependant le fieur *de la Bourdonnais* y répondra, quand ce ne feroit que pour éviter le reproche de ne pas répondre.

Comme la Brochure a été répandue avec profufion dans le Public par les ennemis du fieur *de la Bourdonnais*, & que par conféquent elle eft connue de tout le monde, il feroit affez fuperflu d'en faire ici une exacte analyfe ; il ne fera peut-être pas auffi inutile de rapporter les différentes réflexions qu'on a faites dans le Public fur cet Ouvrage.

On s'y eft d'abord partagé fur la queftion de fçavoir d'où partoit cet Écrit anonyme. Quelques-uns ont prétendu qu'il étoit l'ouvrage des Anglois, & qu'il avoit réellement été imprimé à *Londres*, comme le portent les Exemplaires qu'on a diftribués en France. Beaucoup d'autres perfonnes ayant remarqué ces mots au bas du premier feuillet, *le prix eft de vingt-quatre fols tournois*, & ayant d'ailleurs confidéré avec attention la marque du papier, ont été pleinement convaincues qu'il ne venoit point d'Angleterre, & qu'il avoit été imprimé en France.

Cette découverte n'a cependant pas paru décider la queftion. Les partifans de la Brochure ont infifté en foutenant que la Traduction Françoife pouvoit à la vérité avoir été imprimée en France avec l'Anglois à côté, telle qu'on la voit ; mais que l'Ouvrage avoit été originairement fait par un Anglois, & imprimé à *Londres* en langue Angloife. D'autres ont répondu qu'il n'étoit nullement vraifemblable que cet Écrit & les Lettres qui y font inférées fous le nom des fieurs *Morfe* & *Monfon*, fuffent en effet de ces deux Anglois, parce qu'il n'étoit pas à préfumer que dans une affaire d'État, où l'on voit qu'on a cherché des preuves dans toutes les parties du Monde, on eut négligé celles qu'on auroit eues fous fa main, fi en effet quelqu'un avoit été en état d'attefter, comme la Brochure le fuppofe, le préfent de cent mille *Pagodes*, prétendu fait au *fieur de la Bourdonnais*. Cette réflexion jointe à beaucoup d'autres, qu'il feroit trop long de rapporter ici, a fait conclure à un très-grand nombre de perfonnes, que les fieurs *Morfe* & *Monfon*, n'avoient aucune part à cette Brochure. Mais ces perfonnes réunies d'opinion fur ce point, fe font divifées fur le choix des partis que le fieur *de la Bourdonnais* pouvoit prendre

dans cette conjonĉure, & en lui marquant toutes le même
zèle pour fa juſtification, elles lui ont donné des conſeils
qui différent effentiellement, mais qui l'ont tous également
pénétré de la plus vive reconnoiſſance.

Les uns d'un rang qui ne leur permet pas de connoître
toutes les formalités de l'ordre judiciaire, ont paru craindre que la Brochure ne répandît des nuages dans les eſprits,
& déſirer ſur ce point des éclairciſſemens qu'ils ont cru fa-
ciles à prouver, parce qu'ils ignorent qu'un accuſé ne ſçauroit faire aucun uſage de toutes les déclarations extrajudiciaires, qu'il pourroit ſe faire délivrer par quelques perſonnes, & en quelque forme que ce pût être ; & que
d'ailleurs, il ne peut articuler des faits juſtificatifs, & demander à en faire preuve juridiquement, ſans retarder con-
ſidérablement le Jugement définitif de ſon Procès, & ſans
être obligé de garder priſon juſqu'au jour de ce Jugement. (a) Le ſieur *de la Bourdonnais* a même ſi bien reconnu l'impoſſibilité de faire valoir des Certificats, ou Déclarations extrajudiciaires, qu'il n'a pas voulu joindre au Procès, un Certificat du 31 Octobre 1749, qui lui a été en-
voyé de *Canton* en *Chine*, par lequel le ſieur *David Boutet* (b), Capitaine du Vaiſſeau Hollandois, qui a fait tant
de bruit dans cette affaire, atteſte la fauſſeté des faits imputés au ſieur *de la Bourdonnais* ſur l'article de ce même
Vaiſſeau.

Les autres mieux inſtruits des diſpoſitions des loix & de
la rigueur des formes, ont penſé que la Brochure en queſtion, de quelque main qu'elle partit, ne méritoit aucune
ſorte d'attention : Qu'elle n'avoit aucun caraĉère de preuve, & qu'elle ne pouvoit jamais faire aucune foi en Juſtice,
parce que c'eſt un être de raïſon, un phantôme ſans réalité, & un monſtre dans l'ordre judiciaire, qu'un témoignage ſans témoin. Ils ont fait plus, ils ont prouvé par le
texte des Loix, que quand le Gouverneur & les Conſeil-
lers Anglois de *Madraz*, feroient eux-mêmes venus en
perſonne, dépoſer réguliérement des faits contenus dans la
Brochure, leurs dépoſitions n'auroient pû être d'aucun poids
ſur un fait qui les intéreſſoit ſi fort, & qui étoit tellement

(a) Art. V. du tit. XXVIII. de l'Ordonnance de 1670.
(b) Ce Capitaine étoit à terre lorſque ſon Vaiſſeau périt à *Madraz*.

devenu leur caufe perfonnelle, qu'il ne s'agiffoit de rien moins pour eux, que de 7. ou 800000. liv. en dépofant contre le fieur *de la Bourdonnais*.

Perfuadées de la vérité de ces principes, plufieurs perfonnes diftinguées dans la Magiftrature & dans le Barreau, ont foutenu que fieur *de la Bourdonnais*, pouvoit avec toute forte de fécurité, méprifer la Brochure Anonyme dont il s'agit, quels qu'en fuffent les Auteurs, & que l'efpoir, & même la certitude d'en découvrir la fuppofition, ou d'en confondre l'impofture, par la feule voye qui fut praticable & juridique, c'eft-à-dire, par une demande à fin de preuve de fes faits juftificatifs, ne devoit pas lui faire courir les rifques d'un retardement qui pourroit expofer fa fanté & fa vie, en prolongeant encore fa captivité pendant deux ou trois années. (*a*)

Voilà comment le public a marqué au fieur *de la Bourdonnais*, tout l'intérêt qu'il prend à fon fort, & comment chacun, fuivant fes connoiffances, s'eft empreffé à lui faire part de fes réflexions, & à l'aider de fes confeils. Mais pendant qu'une infinité de perfonnes fe font ainfi occupées dans Paris du foin de fa défenfe, on ne s'eft pas apperçu que la Brochure en queftion, portoit en elle-même, les preuves les moins fufpectes & les plus évidentes de fa fuppofition; ainfi fans avoir recours à des éclairciffemens étrangers, il eft aifé de fe convaincre par la lecture de l'Ecrit, qu'il n'eft l'ouvrage ni du Gouverneur Anglois, ni d'aucun Confeiller de *Madraz*. Ce fait une fois démontré par la Brochure même, il fera affez inutile de faire des recherches pour fçavoir précifément quel en eft l'auteur, & fous quel fcellé la minutte manufcrite de cet ouvrage s'eft trouvée récemment à Paris. Qu'on ouvre donc cette Brochure, & en s'arrêtant au feul objet qui paroît fixer l'attention du public, qu'on péfe bien les faits expofés par l'Anonyme fur le prétendu préfent de cent mille Pagodes ou environ, & l'on verra clairement, que cet Anonyme ne peut être un des Anglois de *Madraz*.

On y lit pag. 55, 57, 59 & 131, qu'en traitant pour la

______

(*a*) Pour que le fieur *de la Bourdonnais* prouvât fes faits juftificatifs, il faudroit commencer une nouvelle inftruction, dans tous les lieux où la première a été faite.

rançon de la Place, on fit entendre au Confeil Anglois, qu'outre la rançon on exigeoit une fomme particuliere ; que cette fomme étant convenue, la difficulté fut de fçavoir où on la trouveroit : qu'avant le coup de vent du 13 Octobre, elle n'étoit point encore trouvée ; que depuis on parvint à l'emprunter de différens Particuliers qui la prétérent volontiers fur des obligations faites par le Confeil Anglois au nom de la *Compagnie* ; qu'enfin cette fomme jointe à quelques Diamans qu'on y ajouta, fut employée tant à faire le préfent en queftion qu'à d'autres ufages.

Il eft dit pag. 111, 113, 119 & 137, que la *Compagnie* ne voulut point payer ces Obligations, fans fçavoir s'il n'y avoit point de fraude dans la conduite de fes prépofés.

Enfin pag. 139 & 141, on trouve ces termes remarquables : » Quelques-uns qui ignoroient entiérement l'emploi » qu'on avoit fait des deniers, fe perfuadoient qu'ils appar- » tenoient aux principaux Habitans de *Madraz*, qui par une » fecrette & coupable intelligence avec les Employés, les » avoient dépofés dans la Caiffe de la *Compagnie*, & en » avoient tiré des obligations relatives ; ils croyoient que » tout le montant de ces obligations étoit réellement en » argent, & que la Caiffe de la Compagnie ayant été enle- » vée par les François, cet artifice avoit été inventé tout » exprès pour la rendre comptable de ce qu'on leur auroit » pris fans efpoir de recouvrement, s'ils n'avoient pas ima- » giné cette rufe. Si la chofe avoit été ainfi, continue l'Au- » teur de la Brochure, les raifonnemens de ceux qui s'em- » portérent contre la fignature de ces obligations, la trai- » tant de procédé frauduleux, auroient été fans replique ; » *mais*, ajoute-t-il, *le fait eft que, lorfque les François s'em-* » *parérent de la Ville, la Compagnie n'avoit pas la valeur* » *de* 1000 *fterlins en Caiffe, & que les François n'y prirent* » *pas la valeur de cette fomme en argent.* Ce font mot pour mot les termes de la Brochure, qui méritent beaucoup d'attention.

Or ce dernier fait eft d'une fauffeté avérée, puifqu'il eft notoire que les fonds de la *Compagnie* d'Angleterre trouvés en argent comptant à *Madraz*, montoient à plus de 27000 liv. fterlins, c'eft-à-dire, à plus de 630000 liv. monnoye de France, dont le fieur *de la Bourdonnais* a rendu compte, comme on le voit par les deux comptes rapportés dans le Cahier des Piéces Juſtificatives, N°. CCXVIII, & CCXIX.

En faut-il d'avantage pour démontrer que la Brochure en queſtion, n'eſt l'Ouvrage ni du Sr *Morſe* ni du Sr *Monſon*, ni d'aucun Conſeiller Anglois, puiſqu'aucun membre du Conſeil n'auroit certainement avancé un fait ſi manifeſtement faux, & ſur lequel il auroit pû être confondu par les piéces les moins ſuſpectes, & par la notoriété publique.

Pour peu qu'un Lecteur inſtruit, examine avec attention cette même Brochure, il y trouvera bien d'autres traits capables de démontrer aux plus opiniâtres, que c'eſt un Ecrit ſuppoſé. Pour ne pas ennuyer, on ſe contentera d'en rapporter encore un qui eſt frappant : Le voici.

Suivant la Brochure les obligations ſouſcrites au nom de la *Compagnie*, pour l'emprunt des deniers deſtinés à former le prétendu préſent de cent mille Pagodes, furent faites le 30 Septembre 1746, vieux ſtyle, ce qui revient au 11 Octobre ſuivant, ſelon notre maniere de compter. Cela n'eſt point conteſté. Ainſi pour raiſonner d'après la Brochure, il faut ſuppoſer, comme elle le ſuppoſe par tout, (Voyez pag. 51, 113, 133, 137, & 139) que le prétendu emprunt fut conſommé, & les obligations faites le 11 Octobre 1746.

Mais, ſuivant cette même Brochure, il paroît d'un autre côté que l'emprunt n'étoit point encore fait le 14 Octobre 1746. Voici en effet comment s'explique la Brochure pag. 57. » Etant donc convenus de la ſomme que nous de-
» vions payer en particulier (c'eſt le ſieur *Monſon* qu'on fait
» parler) il nous reſtoit encore une difficulté de ſçavoir où
» trouver l'argent ; ce qui nous occupa ſi longtems, *qu'avant*
» *que nous puſſions en faire la levée, il ſurvint une tempéte,*
» qui fit périr quelques-uns des Vaiſſeaux ennemis, & les
» autres en furent ſi maltraités, que les François ſe déter-
» minérent à quitter *Madraz* le plutôt qu'ils pourroient. »
Or l'époque de cette tempête eſt très-connue, & tout le monde ſçait qu'elle arriva la nuit du 13 au 14 Octobre 1746. La fixation de cette époque, ou le prétendu préſent ne pouvoit encore avoir été livré, puiſque l'argent n'étoit pas levé, eſt une preuve déciſive contre tout ce qu'on a débité au ſujet d'une convention particuliere. Les Anglois ſçurent
alors

alors que le fieur *de la Bourdonnais* remettroit leur Ville au fieur *Dupleix* pour la garder jufqu'en Janvier. Le retardement de l'évacuation de la Place, & la remife entre les mains d'un homme, dont la fidélité à obferver le Traité devoit être fort fufpecte, après tous les efforts qu'il avoit fait pour l'annuller, étoient chacun un motif bien fuffifant pour faire rompre cette convention, fi elle eût exifté ; car enfin il n'eft pas concevable que les Anglois euffent fait un préfent fi confidérable à un homme qui s'ôtoit les moyens de les faire jouir des avantages qu'ils achetoient. Si l'on ne fuit pas le fyftême de la Brochure, & que l'on prétende que le préfent ait été fait avant que les Anglois euffent connoiffance de ces nouveaux arrangemens, il faudra toujours en revenir à avouer qu'au moment qu'ils les ont appris, & encore plus lorfque le Traité a été rompu, ils ont dû reclamer leur argent.

L'Extrait que l'on vient de citer fournit encore une réflexion auffi importante. En effet, comment concevoir que l'emprunt ne fut pas encore fait le 14 Octobre ; & que les obligations, qui fuppofent l'emprunt confommé, fuffent faites dès le 11 du même mois, c'eft-à-dire au moins trois jours avant l'emprunt ? En vérité peut-on penfer qu'un Anachronifme de cette efpéce eût échappé à des Confeillers du Confeil de *Madraz*, par les mains defquels auroit paffé la prétendue négociation dont parle la Brochure ? Il faut donc de toute néceffité reconnoître que le libelle en queftion, répandu avec tant d'affectation par les ennemis du fieur *de la Bourdonnais*, eft un ouvrage de leur compofition.

Mais pendant qu'on a travaillé en *France* à cette piéce anonyme, on en a fabriqué une autre dans les *Indes*, & comme l'extrême diftance des lieux n'a pas permis aux Artifans de toutes ces impoftures de prendre langue, & de fe concerter enfemble, il eft arrivé que par la difcordance & les contradictions des faits qu'ils ont imaginés, ils ont les uns les autres, fans le fçavoir, mutuellement détruit leur ouvrage. On en va juger par la feconde des deux piéces qu'on a annoncées au commencement de ce Mémoire.

Cette piéce qui a été repréfentée au fieur *de la Bourdonnais* par M. le Rapporteur, eft une déclaration faite à *Pon-*

dichery par le fieur *Friel* neveu du fieur *Dupleix* , & fignée tant de l'oncle que du neveu. Le fieur *Savage* , dont on va voir qu'il y eft fait mention , étoit un Anglois Confeiller au Confeil de *Madraz* , & qui depuis la rupture du Traité étoit refté prifonnier de guerre à *Pondichery* .

Mais comme on ne fçait point en France ce que c'eft que le fieur *Friel* , il eft bon de le faire connoître , & le fieur *de la Bourdonnais* ne fortira point des bornes d'une défenfe légitime , lorfqu'en deux coups de pinceau il en ébauchera ici le portrait. L'Ordonnance lui donne le droit de fournir des reproches contre tous ceux dont on lui oppofe le témoignage , & ces reproches , fuivant les Loix , peuvent être tirés de toutes les circonftances , qui tendent à rendre la foi du témoin fufpecte : or , fuivant ces mêmes Loix , il n'y en a point qui foient plus propres à produire cet effet, qu'un défaut de mœurs & de probité , bien public & bien avéré. On ne rapportera que deux traits fur lefquels on va juger fi le fieur *Friel* eft dans le cas de ces Loix.

Tout ce qu'on fçait de fon origine , c'eft qu'il eft Irlandois de Nation. Il paffa dans l'*Inde* en qualité de Pilotin. Il entra enfuite au fervice du fieur *de la Métrie* , & fut fucceffivement fon Commis & fon Homme – d'affaires à la Chine. Dans un voyage qu'il fit à la *Cochinchine* , il fçut gagner la confiance du Roi de ce Pays , qui lui confia quarante pains d'or, deftinés non feulement à l'achapt d'un magnifique Caroffe , que le fieur *Friel* s'étoit chargé de lui faire venir de France, mais auffi encore aux fraix de l'éducation de deux jeunes *Cochinchinois* , qui devoient être mis au Collége. Chargé de cette double Commiffion, le fieur *Friel* à fon retour de la *Cochinchine* ne s'acquitta ni de l'une ni de l'autre ; & il eft de notoriété publique dans l'*Inde* qu'il a gardé les 40 pains d'or, qu'il n'a envoyé aucun Equipage au Roi de la *Cochinchine* , & qu'il a réduit en fervitude , & retenu à fon fervice les deux jeunes *Cochinchinois*, dont ce Souverain lui avoit confié l'éducation. C'eft ce qui dans l'*Inde* l'a toujours fait regarder avec horreur des Anglois , des François, & des Naturels du Pays. Il n'y a pas d'Officier de la Compagnie des *Indes* qui ne puiffe attefter ce fait. Voici un autre trait qui a moins éclaté dans l'*Inde* , mais qui n'en eft pas moins conftant.

Pendant que le fieur *Paradis* étoit Gouverneur de *Ma-draz*, & que le fieur *Dupleix* lui avoit donné pour Confeiller le fieur *Friel*, un Vaiffeau *Maure* arriva dans la Rade char-gé de Cire & de Calin. Le Calin eft une efpéce d'Etain. Les fieurs *Paradis* & *Friel* voyant que le Capitaine *Maure* fe préfentoit de bonne foi pour commercer, lui permirent de débarquer toutes fes Marchandifes, avec promeffe de lui laiffer toute la liberté poffible de les vendre comme & à qui il jugeroit à propos, ainfi que cela fe pratique dans tous les Ports de l'*Inde*. Mais dès que les Marchandifes furent dé-barquées, la liberté de la vente lui fut interdite, & ils le for-cerent de leur abandonner à eux feuls ces marchandifes au prix qu'ils voulurent. Il eut beau fe plaindre, il fallut en paf-fer par-là. Quelque tems après le fieur *Cotterel* ayant été en-voyé à *Paliacatte* pour donner des avis de ce qui fe paffoit dans cette partie de la Côte, le fieur *du Laurent*, qui étoit alors Gouverneur de *Madraz*, & qui voyoit avec regret qu'il ne fe faifoit aucun commerce, écrivit au fieur *Cotterel* d'engager les Marchands *Maures* ou *Malabares* de venir commercer à *Madraz*, & de les affurer qu'on leur procure-roit tous les agrémens & toutes les facilités convenables. Le fieur *Cotterel* s'acquitta de cette Commiffion. Mais il trouva les Commerçans de cette Côte fi bien inftruits de l'infidélité des fieurs *Paradis* & *Friel*, qu'ils lui protefterent que quand ils auroient cent Vaiffeaux, aucun n'iroit jamais commercer dans les Etabliffemens François. Quoiqu'on ne tienne pas ce fait du fieur *Cotterel*, mais de plufieurs autres Officiers de la *Compagnie*, on ne doute pas qu'il n'en attefte la vérité. Comme il eft à Paris, on peut fçavoir de lui ce qui en eft.

Voilà quel eft ce fieur *Friel*, que la crainte de la confron-tation a empêché de dépofer en Juftice, & qui précifément parce qu'il n'eft pas confronté, ne fçauroit jamais faire char-ge contre le fieur *de la Bourdonnais*, ni dans une dépofition juridique, ni encore moins dans une déclaration extrajudi-ciaire.

Il faut cependant rapporter la fubftance de cette déclara-tion, que le fieur *de la Bourdonnais* rend ici de mémoire. C'eft le fieur *Friel* qui y parle.

Ce jour 11 *Août* 1747, *M.* Dupleix *m'ayant fait venir pour* lui interpréter (en François) ce que M. Savage *vouloit lui dire,* (en Anglois) *au moment où il partoit de* Pondichery *pour* Goudelour, *j'ai entendu ce qui suit :*

D'abord M. Savage *a remercié* M. Dupleix *des égards & des attentions qu'il avoit eus pour lui pendant son séjour à* Pondichery, *& lui a assuré qu'il en étoit très-reconnoissant : sur quoi* M. Dupleix *lui a dit, pour me témoigner votre reconnoissance, Monsieur, dites-moi, je vous prie, ce que le Gouverneur & le Conseil de* Madraz *ont donné à* M. de la Bourdonnais. M. Savage *a paru fort surpris de cette demande, & a répondu à* M. Dupleix : *que diriez-vous de moi, Monsieur, si je vous revelois ce secret ? Pour rassurer* M. Savage, *& pour l'engager à parler,* M. Dupleix *lui a dit qu'il lui donnoit sa parole d'honneur que jamais il ne parleroit à personne de la confidence que* M. Savage *pourroit lui faire, & qu'il n'en feroit jamais aucun usage contre qui que ce fut. Alors* M. Savage *m'a demandé à moi* Friel *la même parole d'honneur, que je lui ai donnée, & me suis de même engagé de ne jamais répéter ce que diroit* M. Savage. *Après ces paroles données,* M. Savage *a dit que l'on avoit promis à* M. de la Bourdonnais *cent mille Pagodes, à condition que la Ville ne seroit point pillée, & que les effets des habitans leur seroient conservés.* M. Dupleix *ayant demandé si* M. de la Bourdonnais *avoit reçu toute cette somme : Non, a répondu* M. Savage, *il n'a reçu que quatre-vingt-cinq à quatre-vingt-dix mille Pagodes. Mais, a dit* M. Dupleix, *qui est-ce qui a payé cette somme ?* M. Savage *a répondu qu'elle avoit été payée par les Habitans.* M. Dupleix *a insisté pour sçavoir si les Malabares en avoient payé leur part, &* M. Savage *a répondu qu'il n'en sçavoit rien. Ce que je sçai, a-t-il dit, c'est que les habitans de* Madraz *ont été furieux de voir qu'après avoir ainsi payé une contribution pour se racheter du Pillage, on avoit dans la suite gardé leur Argent, ruiné leurs Maisons, & pillé leurs effets. Ils en ont fait, a ajouté* M. Savage, *des reproches sanglans à* M. Morse, *& vous entendrez parler de tout cela dans les papiers publics d'Angleterre. Mais je m'étonne, a continué* M. Savage, *, que vous ne sçachiez pas toutes ces particularités, puisque vos Messieurs qui étoient alors à* Madraz, *les sçavent toutes. J'en sçavois quelque chose, a répondu* M. Dupleix, *mais je voulois sçavoir de vous le vrai de cette affaire. Ensuite comme* M. Savage *étoit chargé à* Madraz *des*

Comptes de l'argent, *M*. Dupleix (ou le fieur Friel; le fieur *de la Bourdonnais* ne fe fouvient lequel des deux a fait la queftion) *lui a demandé combien il reftoit d'argent à la Compagnie lorfque M.* de la Bourdonnais *eft entré dans la Ville, & que M.* Savage a répondu *qu'il y avoit dix-huit Caiffes de Piaftres. Laquelle converfation je certifie véritable, &c.*

Voilà en fubftance ce que contient cette déclaration, qui eft, comme on l'a dit, revêtue des fignatures du Sieur *Friel*, & du Sieur *Dupleix*. Ce dernier ne parlant point dans l'acte, paroît à la vérité ne l'avoir figné que pour donner à cette piéce un air d'autenticité; mais on fent bien que cette fignature du Sieur *Dupleix* emporte de fa part un aveu de la Piéce. On peut donc avec grande raifon la regarder comme un ouvrage commun à l'oncle & au neveu.

D'abord pour écarter cette piéce d'un feul mot, il fuffit de faire obferver que c'eft une déclaration *extrajudiciaire*. Perfonne n'ignore en effet que toutes les Loix, & toutes nos Ordonnances s'accordent à rejetter comme incapables de faire aucune foi, les déclarations *extrajudiciaires*, de quelque perfonne que ce foit; c'eft une maxime trop connue, pour qu'il foit befoin de rapporter ici toutes les difpofitions de ces Loix & de ces Ordonnances.

D'ailleurs, quand la raifon & les Loix permettroient en général d'ajouter foi à des déclarations extrajudiciaires, ce qui n'eft pas, il eft fenfible que celle dont il s'agit ici, feroit toujours inadmiffible, par cette raifon décifive qu'elle feroit l'ouvrage du Sieur *Dupleix* & du Sieur *Friel* fon neveu; c'eft-à-dire de deux hommes, qui font avec raifon regardés & dans l'*Inde*, & dans la France, comme les mortels ennemis du Sieur *de la Bourdonnais*.

Mais s'il eft vrai que cette piéce foit incapable de rien prouver contre le Sieur *de la Bourdonnais*, ne peut-on pas dire qu'elle prouve tout contre ceux qui l'ont fabriquée? De quel œil en effet peut-on envifager deux hommes, qui volontairement, & fans contrainte viennent déférer à la Juftice, dans un acte figné d'eux, des faits qu'ils déclarent en même tems ne leur avoir été confiés que fous le fceau du fecret, & fur la foi d'une parole d'honneur, par laquelle, de leur propre aveu, ils s'étoient engagés de n'en parler à qui que ce fut, & de ne les jamais réveler? Ne faut-il pas être prodigieufement aveuglé par la paffion, pour facrifier ainfi en pure perte à l'envie de nuire, jufqu'à fon honneur même ? On peut juger par ce feul trait du caractére des hommes qui travaillent depuis fi long-tems à foulever l'*Inde* & la France contre le fieur *de la Bourdonnais*. On le demande aux plus zélés partifans du Sieur *Dupleix*, que peut-on répondre ici pour fa juftification & pour celle de fon neveu ?

De ces premieres réflexions veut-on paffer à un examen plus détaillé du fond de cette déclaration. On voit par le peu de vraifemblance, & par les contradictions des circonftances qu'elle raffemble, que cette prétendue confidence du Sieur *Savage* eft une fable groflierement imaginée par l'oncle pour être débitée par le neveu ?

Y a-t-il d'abord de la vraifemblance dans le myftere que le Sieur *Savage* veut faire au Sieur *Dupleix* fur le fait des cent mille Pagodes ; dans la répugnance qu'il a de s'expliquer fur ce point ; dans la crainte où il eft de faire mal penfer de lui, s'il dit ce qu'il en fçait, & enfin dans les précautions qu'il prend pour s'affurer qu'on lui gardera fur tout cela un fecret inviolable ? Comment peut-on concilier toutes ces circonftances exprimées dans la déclaration, avec tout ce qu'on y fait dire d'ailleurs à ce même Sieur *Savage*, fur la publicité du prétendu préfent de cent mille Pagodes ? Car enfin dans la déclaration en queftion, après avoir repréfenté le Sieur *Savage* comme un homme qui craint de parler, qui refufe de s'expliquer fur l'article des cent mille Pagodes, qui rougit d'en ouvrir la bouche, qui ne confent enfin d'en faire la confidence que fous le fceau du fecret, on lui fait dire dans le même inftant, qu'il eft étonné que le Sieur *Dupleix* ignore ce même fait, & qu'il n'en fçache pas même jufqu'aux moindres particularités, parce que, felon le Sieur *Savage*, elles font publiques depuis long-tems. Et comment prouve-t-il qu'elles font publiques ? C'eft en difant que tous les Habitans de *Madraz* les fçavent comme lui-même ; c'eft en faifant fentir qu'en effet ils ne peuvent les ignorer, puifque ce font eux, dit-il, qui ont fourni cette contribution de cent mille Pagodes ; c'eft enfin en ajoutant que tous les Officiers envoyés à *Madraz* par le Sieur *Dupleix* pour y former un Confeil, les avoient fçûes eux-mêmes, & qu'ils avoient été témoins, comme lui, des reproches faits fur cela au Sieur *Morfe*, Gouverneur, par les Habitans de *Madraz*. Que le Sieur *Dupleix* & le Sieur *Friel*, ou leurs Apologiftes expliquent donc, s'ils peuvent, pourquoi le Sieur *Savage* ne révéloit que comme un grand fecret un fait, qui, felon lui-même, étoit public, & connu de tout le monde, ou bien pourquoi, fi le fait étoit fecret, il en atteftoit la publicité.

Ceux qui fçavent que le fieur *Dupleix* a tenu pendant très-long-tems le Gouverneur & les Confeillers du Confeil de *Madraz* prifonniers de guerre à *Pondichery*, feront encore curieux de fçavoir pourquoi, maître d'interroger tous les Membres de ce Confeil, fur les cent mille Pagodes en queftion, il paroît n'avoir queftionné fur ce fait que le fieur *Savage*, & pourquoi ce Confeiller eft le feul dont il cite le témoignage. Un mot fuffit pour rendre compte de cette fingularité. Le fieur *Savage* eft mort depuis long-tems.

On concevra plus difficilement que tout le peuple de *Madraz* ait fourni une contribution pour fe racheter du Pillage ; qu'il fe foit plaint hautement de ce qu'on le pilloit malgré la convention ; que dans le tems de ces plaintes publiques, & depuis le départ du fieur *de la Bourdonnais*, le fieur *Dupleix* maître abfolu dans *Madraz* y ait fait informer juridiquement pour conftater ce fait des cent mille Pagodes, & que dans toutes les informations qu'il a fait faire par le miniftére des ennemis même du 'fieur *de la Bourdonnais*, foit à *Madraz*, foit à *Pondichery*, il n'y ait pas un feul témoin qui ait dépofé de ce fait, & qu'au contraire plufieurs témoins en ayent attefté la fauffeté. N'eft-ce pas-là un prodige incompréhenfible ? Mais on ne prétend pas épuifer ici les réflexions qui fe préfentent en foule, pour démontrer de cent manieres différentes l'abfurdité de cette calomnieufe déclaration. On fupplie feulement MM. les Commiffaires de faire attention qu'après des informations fans nombre faites à *Madraz*, à *Pondichery*, & en France, il ne s'eft trouvé fur quatre ou cinq cens témoins entendus, que quatre perfonnes qui ayent jamais parlé de ce prétendu préfent de cent mille Pagodes, & que ces quatre perfonnes font le fieur *Dupleix*, le fieur *Defprémefnil* fon gendre, & les fieurs *Kerjean* & *Friel*, tous deux fes neveux. Par quelle fatalité le fieur *Dupleix* & fa famille font-ils les feuls dans tout *Madraz* & dans tout *Pondichery* qui ayent des yeux & des oreilles?

Au fond, que difent ces quatre hommes liés d'intérêt, & conjurés pour la perte du fieur *de la Bourdonnais*? Le fieur *Defprémefnil* dit, *qu'il a entendu dire au fieur* Dupleix *qu'un Anglois lui avoit dit qu'on avoit donné au fieur* de la Bourdonnais *cent mille Pagodes.* Ne voilà donc d'abord qu'un *oui dire*, fondé fur un autre *oui dire* d'un anonyme. Le fieur *Kerjean* a dépofé, *qu'il avoit entendu dire à un Juif que les Anglois avoient donné cent mille Pagodes au fieur* de la Bourdonnais, *& que lui Juif, pour contribuer à ce préfent, avoit été taxé à fept mille Pagodes,* (a) *qu'il n'avoit point payées.* Ne voilà donc encore qu'un *oui dire* d'un anonyme. Enfin on voit ce qu'ajoutent à ces *oui dire* la Déclaration extrajudiciaire fignée des fieurs *Friel* & *Dupleix*, & la Brochure anonyme qu'on a répandue dans le public. Quand ces deux dernieres piéces, qui viennent à l'appui de ces *oui dire*, ne feroient pas rejettées par toutes les Loix comme incapables de faire aucune foi, n'eft-il pas évident que tous les caractéres de fauffeté, & les contradictions qu'elles renferment d'ailleurs, fuffiroient feuls pour leur ôter toute croyance? Ne voit-on pas en effet qu'elles fe détruifent réciproquement? L'une, par exemple, parle de la prétendue convention des cent mille Pagodes, comme d'un traité *fort fecret*; & l'autre l'annonce comme une négociation *publique*, que tout le monde a connue. L'une fuppofe que la fomme a été empruntée & payée par la Compagnie d'Angleterre, à qui l'on en demande aujourd'hui le rembourfement; & l'autre attefte qu'elle n'a été ni empruntée ni payée par la Compagnie, mais que ce font les Habitans qui l'ont payée par forme de contribution. L'une enfin dit que lors de la prife de *Madraz* les François n'y ont pas pris fur la Compagnie la valeur de 1000 livres fterlings en argent, c'eft-à-dire environ vingt-trois mille livres de notre monnoye; l'autre dit qu'il y

(a) Voici une nouvelle contradiction avec la Brochure, qui bien loin de dire que les Habitans ont été taxés, prétend au contraire qu'ils ont prêté de bon gré leur argent, & qu'on leur a fourni des Obligations pour la valeur.

avoit

avoit dix-huit caiſſes de piaſtres, c'eſt-à-dire de notre monnoye environ 360000 livres, en ſuppoſant toutes les caiſſes
complettes à 4000 piaſtres par caiſſe, comme elles le ſont
ordinairement ; & toutes deux accuſent faux en ce point,
puiſqu'il y avoit réellement 24 caiſſes d'argent, qui contenoient tant en piaſtres qu'en roupies d'or & d'argent plus
de 630000 livres de notre monnoye, dont le ſieur *de la
Bourdonnais* a rendu compte. Ce ne ſont pas là de ſimples
équivoques de mots, mais des contradictions très-réelles,
& qui ſe trouvant dans le fonds des choſes mêmes, démon-
trent tout à la fois la ſuppoſition de la Brochure, & la
fauſſeté de la Déclaration.

Qu'on enviſage donc ici d'un œil impartial quelle eſt la
ſituation du ſieur *de la Bourdonnais* ſur ce chef d'accuſation,
concernant le prétendu préſent de cent mille Pagodes. Il
n'eſt pas douteux que plus l'accuſation eſt grave, plus les
preuves en doivent être préciſes & non ſuſpectes.

Or il eſt conſtant que ſur ce fait il n'y a abſolument aucunes preuves, c'eſt-à-dire aucunes piéces écrites, ni aucunes dépoſitions de Témoins, telles que chacune en particulier ou toutes enſemble puiſſent avoir, ſuivant les Loix, la
force & le caractère de preuve. Les dépoſitions ſe réduiſent
à deux *oüi-dire*, & les preuves écrites, à un Libelle anoni-
me, & à une déclaration extrajudiciaire ; & l'on convient
que tout cela réuni ne forme pas le moindre degré de preuve.
Il eſt donc d'abord indubitable & dans le Fait & dans le
Droit, que faute de preuves l'accuſation s'évanouit.

Mais veut-on forcer les règles, & aſſujettir un Accuſé à
prouver la fauſſeté d'un fait qu'on lui impute ſans preuves ?
En un mot, veut-on exiger de lui, ce qu'on ne ſçauroit rai-
ſonnablement exiger de perſonne, & l'obliger à prouver une
négative ? Le ſieur *de la Bourdonnais* la prouve par le témoignage des Témoins mêmes qu'on a fait entendre contre
lui, tels que ſont entr'autres le ſieur *de Barville* Officier, &
le Pere *Bathe*, qui ont dépoſé tous deux, qu'il eſt vrai que
les Anglois devoient faire un préſent au ſieur *de la Bourdonnais*, mais qu'il le refuſa. Le dernier de ces deux Témoins
qui eſt un Religieux d'une vertu reconnue, a même atteſté
que ce fut lui qui alla de la part du ſieur *de la Bourdonnais* annoncer aux Anglois le refus du préſent qu'ils lui deſtinoient.

C

Ainſi non-ſeulement il n'y a point de preuve que le préſent en queſtion ait été fait, mais il y a au contraire des preuves poſitives, & très-juridiques, qu'il ne l'a jamais été. C'eſt ce qui vient de faire dire récemment au ſieur *Cotterel* dans ſa dépoſition, que ce *fait des cent mille Pagodes étoit une calomnie ridicule.* Voilà donc trois Témoins qui certifient la fauſſeté du préſent, pendant que d'un autre côté il n'y en a pas un ſeul qui en atteſte la vérité.

Enfin, qu'on examine, qu'on péſe toutes les circonſtances qui peuvent ſur ce point fournir quelque éclairciſſement, ou quelques préſomptions ; on voit que tout vient à l'appui de ces preuves, & que tout s'accorde pour perſuader la fauſſeté de l'accuſation. D'un côté les piéces qu'on adminiſtre pour la ſoutenir, ſe contrediſent ſi eſſentiellement, que leurs ſeules contradictions ſuffiſent pour en déceler le faux ; d'un autre côté, la conduite du Sr *de la Bourdonnais* & celledes Anglois ſemblent apporter à ce corps de preuves le dernier degré d'évidence, en faiſant voir que ce qui eſt déja prouvé n'être pas vrai, n'eſt pas même vraiſemblable. Car enfin, peut-on concevoir qu'ayant reçu un préſent ou la promeſſe d'un préſent de cent mille Pagodes pour la rançon de *Madraz*, le ſieur *de la Bourdonnais* eût propoſé aux Anglois dès le lende-main des conditions arrêtées, c'eſt-à-dire le 27 Sept. 1746, de lui rendre ſa parole, & d'annuller les conditions de la rançon, pour prix deſquelles on ſuppoſe que ces cent mille Pagodes lui étoient données ? Comprendra-t-on encore qu'après ces cent mille Pagodes données pour prix & ſous condition de la rançon, cette rançon n'ait point eu lieu, qu'on ait au contraire pillé la Ville, & que les Anglois n'ayent demandé la reſtitution de leurs cent mille Pagodes, ni dans l'*Inde* au ſieur *Dupleix*, qui ſur cela auroit ſûrement écouté leurs demandes & leurs plaintes très-favorablement, ni en Angleterre au ſieur *de la Bourdonnais*, lorſque le tenant priſonnier de guerre à *Londres*, il leur étoit ſi facile de ſe faire rendre le prix d'un Traité dont l'inexécution les mettoit en droit de ré-peter les ſommes, qu'ils avoient payées ſur la foi de ce mê-me Traité ? Mais c'eſt peut-être trop s'arrêter ſur un fait qui ſe détruit de lui-même, & ſur lequel on devoit ſe contenter de renvoyer à ce qui a été dit depuis la page 268 du Mémoire juſqu'à la page 274. Paſſons donc à la troiſiéme Piéce, qui eſt la Lettre anonyme in 4°.

Cette Lettre eſt donnée au public pour une réponſe en forme au Mémoire du ſieur *de la Bourdonnais* ; l'Auteur, pour excuſer la ſingularité de l'entrepriſe , y explique à la fin de l'Ouvrage, les motifs qui l'ont déterminé à prendre la plume dans une affaire où il paroît n'avoir perſonnellement aucun interêt. Il aſſure avec toute la ſincérité qu'on peut attendre d'un homme qui craint de ſe faire connoître , qu'il ne prend ici parti qu'en qualité de bon Citoyen : en un mot , c'eſt un homme ſans paſſion , un partiſan de la vérité , que l'amour de la juſtice & le zèle du bien public animent , & qui ſe défiant des lumieres des Juges & du Public, veut bien prendre la peine de les éclairer.

Pour remplir cet important objet , la Lettre inſinue d'abord fort ingénieuſement , que le Public eſt un imbecille qui ſe laiſſe éblouir par des apparences, qui prend un Roman pour une Hiſtoire , & qui juge par ſentiment ce qui ne peut être décidé que par des raiſons ; & pour mieux faire connoître à ce Public imprudent ſon illuſion , l'Auteur s'engage de lui faire voir par l'Ecrit même qui l'a ſéduit, l'erreur & l'indiſcretion de ſes jugemens. Voyons comment il tient parole.

Il annonce pag. 2. trois chefs d'accuſation , & avant que de les établir , il commence par écarter avec un Laconiſme fort commode , les 50 premieres pages du Mémoire du ſieur *de la Bourdonnais.* Quatre mots ſuffiſent, ſelon lui , pour détruire tout le merveilleux des faits renfermés ſous cette premiere époque, qu'il regarde comme étrangere à l'affaire préſente. Voici ſes termes pag. 3. » Le Défenſeur » du ſieur *de la Bourdonnais* a ſenti qu'il n'avoit point de » contradiĉteur à craindre , il s'eſt tout permis. Mais un » Arrêt du Conſeil qui permet aux Habitans de l'*Iſle* de » *Bourbon* de prendre le ſieur *de la Bourdonnais* à partie ; » la miſere des Habitans de l'Iſle de *France* & de *Bourbon;* » l'inexiſtence des monumens que le Défenſeur du ſieur *de* » *la Bourdonnais* éleve à la gloire de ſon Héros; la fauſſeté » avérée des prétendues cultures établies dans les *Iſles* ; la » certitude des dépens immenſes que le ſieur *de la Bour-* » *donnais* a fait faire à la *Compagnie* , dont il ne reſte pas » même de traces dans ces Iſles; tous ces faits ſont conſ- » tans, ils exiſtent. Je ne m'arrêterai pas , continue l'Au-

» teūr, à vous en détailler les preuves. C'eſt à la Compa-
» gnie des *Indes* à les produire.

Si l'on ſe rappelle quelle prévention régnoit dans le public contre le ſieur *de la Bourdonnais*, & par combien de
bouches vendues à la calomnie cette prévention étoit
journellement entretenue dans tous les quartiers de Paris, lorſque le Défenſeur du ſieur *de la Bourdonnais* ſe
chargea d'écrire pour lui, on ſe perſuadera ſans peine qu'il
étoit fort éloigné de penſer qu'il n'eût aucun contradiĉteur
à craindre. Il ſentoit trop bien tout ce qu'on pouvoit re-
douter des efforts d'une cabale, qui étoit comme engagée
d'honneur à tout tenter pour perdre un innocent, qu'elle
avoit intérêt de faire paſſer pour coupable ; ſi donc la
crainte de la contradiĉtion avoit été un motif néceſſaire
pour l'empêcher, de hazarder des faits faux, ou douteux,
on peut dire qu'il auroit bien été dans le cas d'être retenu
par cette conſidération, puiſqu'il eſt vrai que dans les circonſtances où il écrivoit, il ſembloit que, graces aux ſuc-
cès étonnans de l'impoſture, il dût s'attendre à trouver preſ-
que autant de contradiĉteurs que de leĉteurs. Mais au fond
quelle inquiétude pouvoit-il avoir, & quelle contradiĉtion
pouvoit-il appréhender ſur des faits qui ſe trouvoient tous
ou juſtifiés par des preuves écrites, ou atteſtés par tous les
honnêtes-gens qui ſont au ſervice de la *Compagnie* dans les
Indes ?

Qu'oppoſe donc l'Auteur de la Lettre à des faits ſi bien
prouvés, à des faits qui ſont d'ailleurs de notoriété publique, & conſtatés par les Lettres du Miniſtre même (*a*). Se
flatte-t-il de les détruire en les niant, & a-t-il cru en être
quitte en avertiſſant qu'il ne donneroit aucunes preuves
de ſa dénégation, & que c'eſt à la Compagnie des *Indes* à
les produire ? C'étoit donc auſſi à elle qu'il falloit laiſſer le
ſoin de nier ces faits. Mais comment les nieroit-elle, pendant que tous ſes Bureaux contiennent tant de preuves de
tous les travaux utiles & de tous les établiſſemens avanta-
geux que le ſieur *de la Bourdonnais* a faits dans les *Iſles*,

____

(*a*) V. les Piéces N°. IX. pag. 11.
Nª. Cette Piéce eſt datée du 15
Mai 1747. il faut lire 1745. C'eſt
une faute d'impreſſion, comme au ‖ N°. XXXVI. qui eſt daté de *Ma-*
draȝ & qui doit l'être de *Pondi-*
chery.

foit en Chemins, Marines, Hôpitaux; Aqueducs, Arfe-
naux, Magazins & Fortifications, foit en Sucreries, (*a*) In-
digoteries, Cotonneries &c. Auffi eft-on bien affuré que la
Compagnie n'a garde de nier aucun de ces faits, dont elle
connoît mieux que perfonne toute la vérité.

Il n'y a donc qu'un Auteur Anonyme, qui, à la faveur
du mafque dont il eft couvert, ofe pouffer l'impudence jufqu'au point de nier l'exiftence de ces monumens publics fi
connus de tous les Voyageurs, & de tous les Officiers de
la *Compagnie des Indes.* Que penferont les Nations voifi-
nes, lorfqu'elles verront qu'en France, à Paris, & fous les
yeux de la *Compagnie des Indes*, on ofe en haine du fieur
de la Bourdonnais, nier dans un Ecrit public, des faits,
dont la vérité eft connue de tous les Peuples de la terre.
Mais fur ces faits, on peut confulter plufieurs Officiers de la *Compagnie* qui font encore à Paris, & no-
tamment le fieur *de Saint - Martin*, Second alors de
l'*Ifle de France*; & le fieur *Giblot*, premier Confeiller; on
peut leur demander s'il n'eft pas vrai qu'avant l'arrivée du
fieur *de la Bourdonnais* aux *Ifles*, il n'y avoit aucun des Bâ-
timens qui y exiftent aujourd'hui; s'il n'eft pas vrai que c'eft
lui qui a fait conftruire le Gouvernement, les Magazins,
les Atteliers, les Bureaux, les Forts, les Batteries, & tous
les autres édifices dont on vient de parler; enfin s'il n'eft
pas vrai que tous ces ouvrages ont été folidement bâtis,

(*a*) Par Contrat paffé devant Molere, Notaire à l'Ifle de France le 11 Mars 1747. le fieur *de la Bourdonnais* a vendu aux fieurs *Vigoureux* deux Sucreries pour la fomme de 92018 Piaftres, qui font monnoye de France plus de 450000 liv. en 1750. les fieurs *Vigoureux* ont fait marché avec la *Compagnie* pour fournir en Sucre de leurs Manufactures la confom-mation de fes Vaiffeaux & des deux Ifles. Quand elle le jugera à propos ces mêmes Sucreries for-meront un objet de commerce au dehors. Malgré ce qu'on vient de dire, & ce qu'on lit à la page 11 du Mémoire, on ne doute pas qu'il ne fe trouve encore à Paris des gens qui nient l'exiftence de ces Sucreries, quoique très-con-vaincus de leur réalité.

Si les autres objets ont été né-gligés ou abandonnés par leurs Propriétaires, cela n'empêche pas que le fieur *de la Bourdonnais* ne les ait établis. On fent affez que de pareils établiffemens exigent du tems, des foins & des dépen-fes, avant d'en recueillir du béné-fice.

& qu'ils font encore aujourd'hui bien exiſtans. Qu'on leur demande encore quel autre que le ſieur *de la Bourdonnais* a raſſemblé tant d'autres nouveautés utiles dans ces *Iſles*, qu'il a trouvées preſqu'entiérement incultes, & qu'il a laiſſées ſi floriſſantes ; leur réponſe & celle de tous les honnêtes gens qui connoiſſent les Iſles, confirmeront tout ce que l'on avancé ici, & tout ce que l'on a dit dans ce Mémoire, depuis la page 9. juſqu'à la page 15.

Que veut dire encore l'Anonyme, lorſqu'il cite vaguement une Procédure commencée au Conſeil, & un Arrêt qui permet de prendre le ſieur *de la Bourdonnais* à Partie ? Pourquoi diſſimule-t-il, que cet Arrêt fut ſurpris ſur une Requête non communiquée, & ſur un faux expoſé, puiſqu'il eſt très-vrai, que le ſieur *de la Bourdonnais* n'avoit jamais été ni Juge ni Partie dans le Jugement dont on ſe plaignoit alors, & que par conſéquent cette priſe à Partie n'avoit été imaginée par ſes ennemis, que pour ſe procurer une occaſion de le diffâmer dans des Libelles imprimés, qu'ils firent répandre en France pendant qu'il étoit dans les *Iſles*.

Il n'y a pas moins de malignité dans le reproche qu'il fait au ſieur *de la Bourdonnais*, d'avoir quitté ſon Eſcadre à la *Martinique*. Il diſſimule qu'il eſt prouvé par la Piéce, Nᵒ. CCLIV. que le ſieur *de la Bourdonnais* ne laiſſa ſon Eſcadre à la *Martinique*, que de l'avis du Général & de l'Intendant des Iſles Françoiſes du vent de l'*Amérique :* que ſon départ fut jugé d'autant plus néceſſaire : 1°. Que ſon Eſcadre ne couroit aucuns riſques à la *Martinique :* 2°. Qu'il étoit important qu'il partît au plutôt pour rendre compte en France de l'état de nos Colonies, ſurtout dans un tems où l'on préparoit en Angleterre l'armement formidable dont elles étoient menacées. 3°. Que la préſence du ſieur *de la Bourdonnais* devenoit abſolument inutile à ſon Eſcadre, qui devoit être commandée par des Officiers de la Marine du Roi & ſupérieurs en grade, qu'on attendoit à la *Martinique*. Le ſieur *de la Bourdonnais* n'y devoit pas même commander ſon propre Vaiſſeau ; il n'y feroit reſté que comme ſimple Paſſager. Comment donc l'Anonyme oſe-t-il lui faire un crime d'avoir quitté une Eſcadre à laquelle il devenoit totalement inutile, pendant que ſa préſence pouvoit être fort néceffaire en France ; comme il avoit lieu de croire qu'elle l'étoit en effet, beaucoup plus qu'on ne peut fe l'imaginer.

Tous les faits aufquels on vient de répondre en deux mots, ne font encore que des obfervations préliminaires de l'Anonyme, & ce n'eft qu'après cette efpéce d'exorde qui décéle fi bien la paffion de l'Auteur , qu'il expofe page 4. Son premier chef d'accufation , en ces termes : *Le Sieur* de la Bourdonnais *s'eft fouftrait à l'autorité légitime du Sieur* Dupleix., *& du Confeil fupérieur de Pondichery.* Pour le prouver, l'Auteur employe très-férieufement toutes les équivoques puériles dont le fieur *Dupleix* a fait ufage dans fes Lettres, & tous les mauvais raifonnemens qui font réfutés depuis la page 171 du Mémoire jufqu'à la page 176. Il imagine que le Public oublie comme lui , & la Lettre du Miniftre, N°. VIII. page 10, qui laiffoit le fieur *de la Bourdonnais* , maître abfolu de fes Opérations, & la Lettre du fieur *Dupleix* , N°. XXXIII, page 73 où ce dernier dit au fieur de la Bourdonnais, *Je fçais que le Miniftre vous laiffe entiérement le Maître de vos Opérations , & qu'il me charge fimplement de vous* SECONDER. Et la Lettre du Confeil de *Pondichery*, N°. XXVIII. page 67. où ces Meffieurs s'excufent de ne pouvoir donner leur Avis au fieur *de la Bourdonnais*, fur l'entreprife *de Madraz , dans la crainte* , lui difent-ils, *d'aller peut-être contre la volonté du Roi, & du Miniftre qui vous ont chargé de leurs Ordres.* Eft-ce là le langage de gens qui fe croyent en droit de commander ?

Page 5 il équivoque encore pitoyablement fur les termes des Ordres , pour faire entendre que le fieur *de la Bourdonnais* n'avoit droit de commander que fur mer, & aux Officiers de Marine ; mais il oublie apparemment que les inftructions données par le Miniftre (a) le 16 Janvier 1741 , enjoignent expreffément *à tous les Officiers de la Compagnie* fans aucune diftinction entre Officiers de terre & Officiers de mer, *d'obéir au fieur de la Bourdonnais, tant à terre qu'à la mer.* Il oublie que les Ordres du Roi du 5 Mars 1746 , d'obéir au fieur *de la Bourdonnais* , font addreffées *à tous les Capitaines , Officiers des Vaiffeaux de la Compagnie* ET

(a) V. pag. 57. du Mémoire.

AUTRES QU'IL APPARTIENDRA (*a*). Comment à la vue de ces Ordres qui font imprimés, & dans le Mémoire, & dans le Cahier des Piéces Juftificatives, l'Auteur peut-il dire que le fieur *de la Bourdonnais* n'avoit droit de commander que fur mer, & aux feuls Officiers de marine. Comment entend-il donc ces termes, *& autres qu'il appartiendra*, & ceux-ci, *tant à terre qu'à la mer*.

L'Auteur n'eft ni plus exact fur les faits, ni plus conféquent dans fes raifonnemens, lorfqu'il parle de la Lettre du Miniftre du 29 Janvier 1745 (*b*) Il prétend que le pouvoir donné par cette Lettre au fieur *de la Bourdonnais*, de changer dans les plans qu'on lui propofoit tout ce qu'il jugeroit à propos, *& même de prendre tout autre parti quel qu'il fut*, ne regardoit que les croifiéres, & autres expéditions maritimes, & nullement les expéditions qui pourroient fe faire à Terre ; telles par exemple, que le Siége de *Madraz*. Mais la Lettre même fuffit pour répondre à cette ridicule objection, malgré l'affectation avec laquelle l'Auteur fépare les Pouvoirs énoncés dans cette Lettre, & les ordres relatifs qui défendoient au fieur *de la Bourdonnais*, de s'emparer d'aucun établiffement ennemi *pour le conferver* (*c*). Sans raprocher ces différens Ordres, qui loin de fe détruire mutuellement, fe donnent les uns aux autres une nouvelle force ; il eft de la derniere évidence, que les pouvoirs du fieur *de la Bourdonnais*, s'étendoient indiftinctement à toutes fortes d'expéditions, & qu'il devoit commander, *tant à terre qu'à la mer*, tant fur les Vaiffeaux que dans les Etabliffemens ennemis, dont il lui étoit défendu de s'emparer *pour les conferver* ; pendant que le fieur *Dupleix*, fuivant les ordres précis du Miniftre, & fuivant les aveus échappés au fieur *Dupleix*, lui-même, dans un tems non fufpect, ne devoit que le *feconder*. Ce font les termes des ordres du Miniftre, & des Lettres du fieur *Dupleix*, des 6 & 23 Septembre 1746. (*d*)

Page 6 l'Auteur paffe au fecond chef d'accufation, qu'il énonce ainfi : *Le fieur de la Bourdonnais s'eft fervi, pour trahir l'Etat, de l'autorité qu'il avoit ufurpée*, & il com-

---

(*a*) Ibid.
(*b*) V. les Piéces Nº. VIII. pag. 10.

(*c*) V. le Mémoire pag. 58 & 59.
(*d*) V. les Piéces Nº. XXXIII. pag 73, & Nº. LIX. pag. 95.

mence

mence cet article par un trait qui n'a pas médiocrement furpris le fieur *de la Bourdonnais*. Le voici : » Vous avez » comme moi, dit l'Auteur à fon ami, entendu dire au » fieur *de la Bourdonnais*, à fon arrivée en France, qu'il » avoit commandé dans les *Indes* les Vaiffeaux de la *Com-* » *pagnie*, en vertu de l'Ordre du Roi du mois d'Avril 1745 ; » mais qu'il ne commandoit les troupes des Ifles de *France* » & de *Bourbon*, que comme Gouverneur de ces *Ifles*, & » qu'on avoit été bien imprudent de lui nommer un Suc- » ceffeur pendant qu'il étoit encore aux *Indes*, parce qu'on » le mettoit hors d'état de fe faire obéir par ces troupes. » Après cet aveu, continue l'Auteur, il eft bien étonnant » de voir dans le Mémoire le fieur *de la Bourdonnais*, » commander en Maître aux troupes de *Pondichery*, s'ou- » blier jufqu'à les empêcher d'obéir au Confeil & au Com- » mandant Général de *Pondichery*, & de toute l'*Inde*.

Ce fragment de la Lettre qu'on rapporte ici mot pour mot, rend, à la vérité avec fort peu d'exactitude, une con- verfation qui fut tenue en préfence d'une perfonne infini- ment refpectable, entre M. de *Montaran* & le fieur *de la Bourdonnais*. Comme cette converfation ne fe paffa qu'en- tre ces trois perfonnes, l'Anonyme en impofe vifiblement, lorfqu'il dit : *Vous avez, comme moi, entendu dire au fieur de la Bourdonnais* &c. Ni l'Anonyme, ni la perfonne à qui il écrit, n'ont donc jamais *entendu dire* au fieur *de la Bour- donnais* ce que la Lettre rapporte, puifqu'encore un fois il eft conftant que ce qui fut dit alors par le fieur *de la Bour- donnais*, ne fut entendu que des deux feules perfonnes à qui il avoit l'honneur de parler. On s'en rapporte fur cela avec toute forte de confiance à leur témoignage. Au fond voici ce qui fut dit alors.

Le Magiftrat à qui le fieur *de la Bourdonnais* rendoit compte de fa conduite, & de l'état de nos Colonies, lui ayant fait plufieurs queftions fur l'expédition de *Madraz*, M. de *Montaran* dit à ce Magiftrat, *demandez-lui feule- ment, Monfieur, pourquoi & en vertu de quels Ordres il a commandé à terre ?* Etonné de cette queftion, le fieur *de la Bourdonnais* répondit, *qu'il avoit commandé à terre, parce qu'un Chef d'Efcadre, qui defcend fur le terrain ennemi à la tête de fes troupes & de fes équipages, eft en droit de les*

D

commander : qu'indépendamment de ce droit résultant des Ordres du Roi dont il étoit porteur , il avoit encore , en qualité de Gouverneur des Isles de France & de Bourbon , un droit particulier de commander , tant à terre qu'à la mer , les troupes de ce Gouvernement, qui étoient dans son Escadre ; & il ajouta , qu'on avoit risqué beaucoup en lui ôtant son Gouvernement , dans le tems que ces troupes des Isles faisoient dans l'Inde la guerre sous ses ordres , parce qu'il étoit à craindre que se regardant comme soumises à un nouveau Gouverneur , elles ne fissent difficulté de lui obéir aussi ponctuellement qu'elles avoient fait jusqu'alors. Voilà ce que l'Anonyme auroit dû dire dans sa Lettre , s'il avoit été mieux instruit , ou moins partial.

Mais s'il paroît par le trait qu'on vient de rapporter, que l'Anonyme sçait des particularités que presque tout le monde ignore : on va voir qu'en revanche il ignore bien des choses que presque tout le monde sçait.

Par exemple , pag. 7. il reproche au sieur *de la Bourdonnais* d'avoir fait périr, par *l'exécution de cet abus de son autorité* (ce sont ses termes) *quinze cens François dans le coup de vent du 13 Octobre* , & il ajoute que *ces faits ne sont pas douteux ; que les témoignages par écrit sont constans , & ne laissent rien à désirer.* Or ces faits si constans sont notoirement faux, puisque tout le monde sçait que dans le coup de vent du 13 il n'a péri que le *Duc d'Orléans* , dans lequel il y avoit à peine 150 François , la *Marie Gertrude* où il n'y avoit tout au plus que 4 à 5 François , le surplus de l'Equipage étant composé de *Lascars.* Il s'est encore trouvé 2 ou 3 François dans un *Bot* qui périt alors. Voilà comment l'Anonyme est instruit des affaires de l'*Inde.* Tout ce qu'on peut dire, c'est qu'il ignore les faits , ou qu'il les déguise.

On ne parle point ici du ridicule qu'il y a d'imputer au Sr. *de la Bourdonnais* le désastre causé par un coup de vent, que personne ne pouvoit ni prévoir ni prévenir.

A la même page 7 l'Auteur cite au nombre des Piéces , dans lesquelles, dit-il, il trouve écrits tous les crimes du sieur *de la Bourdonnais, le Journal des Députez de Pondichery à Madraz.* Mais on lui demande où il a vû ce Journal, qui est une Piéce secrette du Procès. Il ajoute ensuite que ce

Journal est produit par le sieur de la Bourdonnais comme Piéce justificative : Est-ce une méchanceté ou une bévûe ? Que l'Anonyme s'explique ; car il est bien certain que le sieur *de la Bourdonnais* n'a ni produit ni pû produire ce *Journal*. Où l'Anonyme en a-t il donc pris connoissance ?

Ce qu'il dit pag. 8 & 9 est refuté d'avance par le Mémoire auquel il renvoye lui-même. Mais voici une autre objection qui se trouve à la fin de la page 9, & au commencement de la page 10.

Le sieur *de la Bourdonnais*, dit-il, nous présente sous la datte du 21 Septembre, une Capitulation par laquelle *Madraz* se rend à condition d'une rançon, qui devoit être réglée à l'amiable. Il écrit ensuite le 23 Septembre que la Ville s'est rendue pour ainsi dire à discretion. Enfin le 26 du même mois il écrit que le parti de garder *Madraz* n'ayant pas lieu, il faut ou démanteler ou rançonner cette Place. Sur ces faits ainsi raprochés, voici l'éclaircissement que demande l'Anonyme. « Que le Sr *de la Bourdonnais* m'explique, dit-il, comment il est possible qu'il ait été le maître le 23, & le 26 Septembre de décider du sort de *Madraz* pris à discre ion le 21, & d'opter entre différens partis à prendre, s'il est vrai, comme il le dit, que par la Capitulation du 21 Septembre il se fût engagé à traiter de la rançon de cette Ville ». Il est aisé de satisfaire à cette question, & l'Anonyme se la seroit sans doute épargnée, s'il avoit lû avec quelque attention le Mémoire qu'il a si bonne envie de réfuter.

Il y auroit vû que le sieur *de la Bourdonnais*, depuis la signature de la Capitulation du 21 Septembre, n'avoit jamais pensé à faire d'autres conditions à la Ville que celles du rançonnement. Jamais il n'en a proposé d'autres. Toutes ses Lettres, toutes celles du sieur *Dupleix*, en un mot toutes les Piéces du Procès en font foi, & l'on a vû que MM. de *Pondichery* ne lui ont que trop reproché d'avoir toujours persisté depuis l'instant de la Capitulation, dans ce parti du rançonnement. Mais, dira l'Anonyme, pourquoi donc écriviez-vous le 21, que les conditions aufquelles la ville s'étoit rendue, la mettoient pour ainsi dire à votre discretion ? On lui répondra qu'il n'a qu'à lire la Note (*a*) du N°. LIII. dans les Piéces justificatives, & qu'il y trouvera la réponse à sa question. D'ailleurs n'étoit-il pas vrai de dire que la Ville étoit en quelque forte rendue à difcretion , puifque la fixation de la rançon, fuivant l'exemple du Chapeau évalué fix Roupies , devoit dépendre de l'eftimation des Effets de la Ville , auxquels le fieur *de la Bourdonnais* fembloit pouvoir donner un prix arbitraire ?

L'Anonyme infiftera-t-il , en demandant pourquoi après être convenu du rançonnement par la Capitulation du 21, le fieur *de la Bourdonnais* paroît dans fa Lettre du 26 Septembre déliberer entre trois partis à prendre ; fçavoir, celui de garder la Place, celui de la démanteler, & celui de la rançonner ? On lui répondra encore une fois, que le fieur *de la Bourdonnais* n'a jamais déliberé fur le choix entre ces trois partis. Il a bien dit qu'on ne pourroit prendre qu'un des trois; parce qu'en effet on ne fçauroit faire autre chofe d'une Ville prife. Enfuite en faifant voir que le parti de garder *Madraz* & celui de le démanteler n'étoient ni pratiquables ni convenables à la fituation des affaires , il a conclu que le véritable parti étoit celui du rançonnement qu'il avoit pris par la Capitulation du 21. Que trouve-t-on de louche ou d'équivoque dans toute cette conduite ?

Page 10 & 11 l'Auteur répéte l'objection fur l'Artillerie, les Agrès & Apparaux , & celle fur les Prifonniers , auxquelles on a répondu dans le Mémoire , depuis la page 180 jufqu'à la page 184, & depuis la page 186 jufqu'à la page 188. Il croit apparemment qu'en diffimulant les Réponfes , les Objections reftent dans toute leur force. Mais ce qui lui paroît une preuve évidente de collufion avec les Ennemis de l'Etat , c'eft qu'au lieu d'emporter des vivres de *Madraz,* le fieur *de la Bourdonnais* ait été demander du Pain & du Bifcuit à *Pondichery,* Il ne fçauroit pardonner ce trait là. Il faut cependant efperer que ces grands mouvemens d'indignation cefferont, quand il fçaura qu'il n'y avoit à *Madraz ,* ni Pain , ni Farine , & que par conféquent , pour fournir à la fubfiftance des Troupes & des Equipages , il falloit bien en chercher ailleurs.

Il s'imagine fans doute avoir démontré qu'il y avoit beaucoup de Bifcuit, de Pain & de Farine dans *Madraz* , lorfqu'il a fait obferver que cette Ville contenoit plus de cent mille habitans , qui en fe fauvant pendant le fiége , avoient dû , felon lui , laiffer une quantité de Farine immenfe. Cette remarque, & la conféquence qu'on en tire, pourroient être juftes, s'il étoit queftion d'une Ville d'Europe, où tout le monde fe nourrit de pain. Mais ici elles portent à faux, puifqu'il eft bien certain que des cent mille habitans qui s'é-toient fauvés de *Madraz*, il n'y avoit pas trente perfonnes qui fiffent leur nourriture ordinaire de Pain. L'Anonyme ignore que dans l'*Inde* tous les Naturels du Pays ne mangent point de Pain, & qu'ils ne vivent que de Ris.

Il y avoit à la vérité du Bled à *Madraz* ; auffi verra-t-on par l'état du chargement des Vaiffeaux, qui fera imprimé à la fin de ce Mémoire, que le fieur *de la Bourdonnais* ne négligea point ces Provifions, & qu'il en chargea les Vaif-feaux. Mais pour que ce Bled pût fervir à la nourriture des Equipages, il falloit qu'il fût moulu, & cela ne fe pouvoit faire ni à *Madraz* ni dans les Vaiffeaux, faute de Moulins ; car il eft bon de fçavoir qu'à *Madraz* il n'y a point de Mou-lins à eau ni à vent pour moudre le Bled, comme en France. Ceux qui y vivent de pain, font dans l'ufage de broyer le Bled à force de bras, & chacun en broye ainfi journelle-ment ce qu'il en faut pour lui & pour fa famille pendant deux ou trois jours. Il eft dès-là fort aifé de concevoir que prefque tous les habitans ayant abandonné la Ville, avant & pendant le fiége, il ne reftoit dans *Madraz* ni Farine, ni *Coulis* pour en faire. Il ne doit donc pas paroître fort étrange qu'en fortant de *Madraz*, quoiqu'avec beaucoup de Bled, le fieur *de la Bourdonnais* ait demandé à *Pondichery* du Pain & du Bifcuit pour fes Equipages. Si l'Anonyme avoit mieux connu les ufages des *Indes*, il ne fe feroit pas fi fort récrié fur un fait fi indifférent par lui-même. Mais tout devient cri-me aux yeux d'un homme, qui veut trouver du crime par tout. On en va juger par les preuves qu'il donnera dans un moment fur fon troifiéme chef d'accufation conçu en ces termes : *Le fieur* de la Bourdonnais *a profité de fa trahifon, pour s'enrichir par le divertiffement & le pillage d'Effets apparte-nans à l'État, qui fe font trouvés dans* Madraz.

La premiere preuve que l'Anonyme en rapporte, con-fifte à dire que tous ceux qui ont affifté à l'expédition de *Madraz*, conviennent que le fieur *de la Bourdonnais* y a pillé. Mais on foutient au contraire à l'Anonyme, que tous ceux qui ont été à *Madraz* fe réuniffent à dire que le fieur *de la Bourdonnais* n'y a rien pris, ni rien pillé, & on lui en donne pour preuve les dépositions de 500 Témoins entendus, soit dans les *Indes*, soit en France. En un mot, on ne connoît pas dans toutes les informations un seul Témoin qui ait déposé que le sieur *de la Bourdonnais* ait pris quoique ce soit.

Une deuxiéme preuve de pillage, selon l'Anonyme, pag. 13, c'est que le sieur *de la Bourdonnais* devoit tirer de *Madraz* quarante millions, suivant le jugement du feu sieur *Dumas*. Or il est prouvé au procès par la déposition du sieur *de Saint Martin*, que le sieur *Dumas* avoit dit au Témoin avant le siége de *Madraz*, qu'il estimoit la prise de cette Ville à huit ou neuf cens mille Pagodes, c'est-à-dire à sept ou huit millions. L'Anonyme espere-t-il que sa simple assertion l'emportera sur cette preuve ? En répétant ici que le projet sur *Madraz* a été formé par le sieur *de la Bourdonnais*, & communiqué par lui au Ministere en 1740, on osera avancer que lorsqu'il fut question d'estimer le bénéfice que l'on pouvoit espérer de cette conquête, il fut décidé par M. le Cardinal de *Fleury* & par M. *Orry*, sur l'estimation du feu sieur *Dumas* qui étoit présent, & sur celle du sieur *Dupleix*, exprimée dans une de ses Lettres qui fut alors représentée, que le sieur *de la Bourdonnais* rendroit un service signalé à l'Etat & à la *Compagnie* s'il pouvoit, en prenant *Madraz*, en tirer pour la *Compagnie* une rançon de dix millions. On dit une rançon, parce que depuis le premier moment où il fut question de cette entreprise, elle ne fut jamais envisagée sous un autre jour que sous celui de la rançon. Une personne des plus respectables, qui étoit alors à la tête de la Compagnie des *Indes*, & qui a assisté à toutes les Délibérations qui ont été prises à ce sujet, ne refusera pas d'attester la vérité de tous les faits qu'on vient d'avancer.

La troisiéme circonstance que l'Anonyme allégue page 13, comme propre à former une violente présomption contre l'innocence du sieur *de la Bourdonnais*, est le défaut de présentation des Livres de la Compagnie Angloise. Il lui fait donc un crime, 1°. de ce qu'il ne s'est pas fait représenter ces Livres ; 2°. de ce que ces Livres ne se trouvent plus aujourd'hui, il est tenté de conclure qu'il les a

souftraits. On va répondre aux deux parties de cette objection.

Il eft certain que par la Capitulation du 21 Septembre,
le fieur *de la Bourdonnais* fit obliger les Anglois de remettre aux François leurs Livres de compte, ce qu'il n'auroit
pas fait s'il avoit eu deffein de dérober la connoiffance de
l'état actuel de leurs fonds & de leurs effets. Il eft d'ailleurs
prouvé par la Lettre du fieur *Bonneau* Commiffaire, du 28
Septembre, (*a*) que les clefs du dépôt où étoient les Livres, avoient d'abord été remifes au fieur *Defprémefnil*,
autre Commiffaire, qui fçavoit l'Anglois. Enfin il eft prouvé par la dépofition du fieur *Defprémefnil* (*b*) que ces Livres lui avoient été remis.

Mais on demandera peut-être au fieur *de la Bourdonnais* pourquoi il n'a pas fait conftater par un Procès-verbal
l'état de ces Livres. Il répondra que ces précautions de
formalité étoient du reffort des Commiffaires ; s'il y avoit
des Procès-verbaux à dreffer, ce foin les regardoit feuls.
On peut d'autant moins imputer ce défaut de Procès-verbaux au fieur *de la Bourdonnais*, que par fes engagemens
pris avec la *Compagnie*, pour tout ce qui concernoit les
prifes & les expéditions de guerre, il étoit dit, comme on
le peut voir par fa Lettre à la Compagnie, du 10 Mars
1746, (*c*) que les Commiffaires feroient refponfables de
tous les détails pour les prifes & les dépenfes qui pourroient
fe faire, & que pour lui *il n'auroit perfonnellement à répondre que des actions militaires.*

Voilà donc la première partie de l'objection détruite,
puifqu'il eft prouvé & par la Lettre du fieur *Bonneau*, & par
la dépofition du fieur *Defprémefnil*, que dès l'inftant de la
prife de la Ville, les Livres Anglois furent remis au fieur
Defprémefnil Commiffaire.

A l'égard de la deuxiéme partie de l'objection, qui a
pour objet la fouftraction de ces Livres, elle n'a ni fonde-
ment ni apparence de raifon, & il fera facile de s'en convaincre par les faits même que l'Anonyme allégue.

Ecoutons-le. » Si on doute, dit-il page 14, qu'ils (ces

(*a*) V. les Piéces Juftificatives   (*c*) V. les Piéces N°. XII pag.
N° LXXV. pag 121.   26 & 27.
(*b*) V. le Mémoire pag. 236.

32

» Livres) ayent été remis & fouftraits, on peut mettre fous
» les yeux du Public les Lettres originales du Gouverneur,
» & du Confeil Anglois, qui, *depuis la reftitution de Ma-*
» *draz*, demandent avec inftance des extraits de ces Li-
» vres, qu'ils fuppofent être au pouvoir du Confeil de
» *Pondichery*. Ce fait avancé par l'Anonyme eft de la derniere importance.

En effet, dès qu'il eft indubitable, felon lui, que les Livres en queftion ont été remis, & que les Anglois en demandent aujourd'hui la reftitution, ou des extraits à MM.
du Confeil de *Pondichery*, il s'enfuit néceffairement que
c'eft à MM. du Confeil de *Pondichery* que les Anglois
foutiennent avoir remis ces Livres, conformément à l'Article VII. du Traité de Rachat figné le 21 Octobre; (*a*)
car les Anglois ne demanderoient pas avec inftance à
MM. de *Pondichery* des Livres qu'ils fçauroient ne leur
avoir pas remis.

Que les Anglois leur ayent en effet remis ces Livres,
c'eft un fait dont il ne paroît pas qu'on puiffe douter.

1°. Leurs Lettres le fuppofent évidemment, fuivant
l'Anonyme.

2°. Si la fuppreffion de ces Livres prétendue faite par
le fieur *de la Bourdonnais*, long-tems avant la fignature du
Traité de rançon du 21 Octobre, avoit mis les Anglois
dans l'impoffibilité de remettre ces Livres à MM. de *Pon-*
dichery, il eft fenfible que les Anglois ne fe feroient pas
obligés par ce Traité du 21 Octobre de les remettre à MM.
de *Pondichery*. Ils auroient dit à M. *de la Bourdonnais :*
Comment pouvez-vous nous obliger à remettre des Livres
que vous avez enlevés, & comment ofez-vous nous pro-
pofer de foufcrire un engagement dont vous fçavez que
vous nous avez rendu vous-même l'exécution impoffible ?
Il eft donc évident que quand les Anglois fe font obligés
le 21 Octobre à remettre ces Livres, ils les avoient.

3°. Cet engagement une fois foufcrit, fi les Anglois y
avoient manqué, c'eft-à-dire, s'ils n'avoient pas remis leurs
Livres à MM. de *Pondichery*, qu'en feroit-il arrivé? Meffieurs de *Pondichery*, qui ne cherchoient qu'un prétexte
pour rompre le Traité, n'auroient pas manqué une fi belle

(*a*) V. les Piéces N°. CLXXXI.

occafion

occasion de prendre [les Anglois en défaut. Ils leur auroient dit : *Exécutez le Traité que vous venez de signer ; représentez-nous vos Livres , comme vous vous y êtes expressément engagés ; sinon nous sommes de plein droit dispensés de tenir la Capitulation , & vous êtes à notre discrétion.* Qu'auroient pû répondre les Anglois ? Dans l'hypothèse ils auroient dit: *Le sieur de la Bourdonnais a enlevé nos Livres ; comment voulez-vous que nous vous les représentions ?* Dans cette réponse, dont on n'auroit pas manqué de dresser un Procès-verbal en bonne forme, MM. de *Pondichery* auroient trouvé un double avantage. D'un côté ils auroient par-là acquis contre le sieur *de la Bourdonnais* une preuve décisive d'un fait de supression de Livres, dont, sans cela, on les auroit accusés eux-mêmes : d'un autre côté ils auroient toujours été en droit de rompre le Traité , comme ils le désiroient en disant aux Anglois : *Nous n'examinons point si , par collusion avec le sieur* de la Bourdonnais , *vous avez supprimé vos Livres ; il nous suffit qu'en remettant la Ville entre nos mains , vous vous soyez obligés de nous représenter ces Livres ; faute par vous de remplir cette condition importante du Traité , nous sommes autorisés à le rompre , sans que vous puissiez nous reprocher aucune injustice.*

Il suit de ces réflexions simples & naturelles que les Anglois avoient leurs Livres , lorsque par l'Article VII du Traité de rachapt du 21 Octobre , ils se font obligés de les représenter à MM. de *Pondichery* ; qu'ils ont en effet exécuté cet Article du Traité en leur remettant leurs Livres; & que de plein droit, & faute d'avoir constaté le contraire , MM. de *Pondichery* font réputés les avoir reçus , comme le supposent, suivant l'Anonyme, les Lettres originales du Gouverneur & du Conseil Anglois; enfin il en résulte que, si ces Livres ont été supprimés, comme il paroît constant, suivant l'Anonyme même, ils n'ont pû l'être que par MM. de *Pondichery.* On verra dans la suite par les piéces dont on rendra compte à la fin de ce Mémoire, qu'on a en effet à *Pondichery* un goût assez décidé pour ces suppressions.

L'Anonyme convient à la même pag. 14. qu'en effet , *dans l'ordre ordinaire* , ces Livres devroient se trouver à *Pondichery* ; & il n'a garde de dire que s'ils ne s'y trouvent pas , ce ne peut être que parce qu'ils ont été fupprimés par MM. de *Pondichery*. Il aime mieux fuppofer que ces Livres ou n'exiftoient pas , ou qu'ils avoient été fouftraits par les Anglois avant la reddition de la Place ; & il ne fait cette fuppofition que pour en conclure que le fieur *de la Bourdonnais* feroit *impardonnable* d'avoir négligé de conftater une circonftance fi intéreffante pour fa décharge & fa juftification. Mais l'Anonyme n'a pas fenti que cette objection fe rétorque avec force contre MM. de *Pondichery* , qu'il entreprend de juftifier.

Il y a en effet dans leur conduite & fraude & négligence ; & pour rendre à l'Anonyme fes termes, ils font *impardonnables* d'avoir fupprimé les Livres, qui leur ont conftamment été remis , comme on l'a fait voir ; & s'il étoit vrai que les Anglois ne leur en euffent remis aucuns, malgré l'engagement formel qu'ils avoient contracté de les leur remettre, ils feroient, fuivant le raifonnement même de l'Anonyme , *impardonnables d'avoir négligé de conftater une circonftance auffi intéreffante pour leur décharge*, & *leur juftification*. L'Anonyme pouvoit-il reconnoître plus expreffément que faute par MM. de *Pondichery* d'avoir conftaté qu'on ne leur remettoit aucuns Livres, ils font cenfés les avoir reçus & fupprimés ; & l'on peut même dire qu'il faut fe refufer à l'évidence pour douter de la remife & de la fuppreffion de ces Livres.

Enfin n'eft-on pas révolté d'entendre l'Anonyme offrir de » mettre fous les yeux du public les Lettres originales du » Gouverneur & du Confeil Anglois, qui , dit-il, depuis » la reftitution de *Madraz*, demandent avec inftance des » Extraits de ces Livres, qu'ils fuppofent être au pouvoir » du Confeil de *Pondichery* ? » Comment l'Anonyme a-t-il connoiffance de ces Lettres originales ? Dans quel dépôt les a-t-il vûes ? Par qui eft-il fi bien inftruit ? Pourquoi, avec tant de zèle, a-t-il négligé jufqu'ici de faire paroître ces Lettres originales ? S'il les a crues propres à procurer des éclairciffemens dont le fieur *Dupleix* n'eut rien à craindre, pourquoi ne les a-t-il pas remifes à M. le Procureur Général de la Commiffion , qui certainement n'auroit pas refufé de faire ufage de ces piéces, s'il leur avoit trouvé quelque caractére de preuve ? Heureufement MM. les Commiffaires font aujourd'hui trop bien inftruits, pour ne pas découvrir jufques dans ces menaces mêmes, toute la méchanceté & toute l'impuiffance des ennemis du fieur *de la Bourdonnais.*

Page 14 & 15, l'Anonyme raffemble un grand nombre de faits, pour achever d'établir fon troifiéme chef d'accufation. Les voici.

PREMIER FAIT.

Les Embarcations Angloifes fous le Pavillon Maure, chargées dans la Rade de Madraz, *par préférence aux Navires François, & aux Embarcations de Pondichery,*

RÉPONSE.

Il n'y a pas au Procès la moindre preuve de ce fait ; jamais ces embarcations ne font venues à *Madraz* pendant que le fieur *de la Bourdonnais* y a été : c'eft un fait notoire, & il ne fe fouvient pas qu'aucun Témoin en ait jamais parlé.

DEUXIÉME FAIT.

Le Chargement noĉturne d'un Bâtiment Hollandois, dans la même Rade, par des Chelingues envoyées par ordre du Sr de la Bourdonnais, & de fon frere, les Caiffes chargées fur ces Chelingues connoiffables par des Bouées & des Orins.

RÉPONSE.

La fauffeté de ce fait eft démontrée dans le Mémoire depuis la page 259 jufqu'à la page 266, & l'on va voir dans un moment, qu'elle l'eft encore par la dépofition du Pere *René,* & par celle du fieur *Cotterel,* Témoins nouvellement entendus.

TROISIÉME FAIT.

L'Emprifonnement des plus riches Arméniens, par Ordre du fieur de la Bourdonnais, *les prefens confidérables qu'il en a exigés.*

REPONSE.

Ce fait eft détruit auffi dans le Mémoire, page 201, 202, & 203, & il le fera encore par la dépofition du fieur *Cotterel,* & par celle du Pere *René.*

QUATRIÉME FAIT.

La souſtraction de la connoiſſance de tous les effets tirés des Magazins, & chargés ſur les Vaiſſeaux, ſoit d'Europe, ſoit des Indes, ſoit de priſe Angloiſe.

REPONSE.

On verra dans un moment en parlant de la dépoſition du ſieur *Cotterel*, que cet article ſe rétorque contre ceux dont l'Anonyme fait l'apologie, & il ſera prouvé par le Journal du ſieur *Cotterel*, que l'Anonyme donne ici le change, & qu'il impute au ſieur *de la Bourdonnais* des crimes dont il eſt avéré que d'autres ſont coupables. Cet article eſt très-important.

CINQUIÉME FAIT.

Le défaut total d'inventaire, & de factures ſuppléés par des notes, ou des connoiſſemens, où les balles ne ſont reconnoiſſables que par l'enveloppe.

REPONSE.

Ce fait eſt détruit dans le Mémoire pag. 81 & 82 ; mais le reproche qu'on fait ici au ſieur *de la Bourdonnais* exige de ſa part une explication plus particuliere, qui ne ſçauroit manquer de ſoulever contre l'Anonyme, & contre ceux dont il prend la défenſe, l'indignation de tous les honnêtes gens. Voici donc les faits, qu'il eſt important de déveloper.

Lorſqu'on met un Vaiſſeau en chargement, les Effets qu'on y embarque ſont renfermés ou dans des ſacs comme du bled, ou du ris ; ou dans des tonneaux comme du vin, de la bierre, ou du ſucre ; ou dans des balles, comme du drap, des toiles, ou autres étoffes ; ou dans des caiſſes, comme du cloud, du biſcuit, & choſes ſemblables. A meſure que ces Effets ou Marchandiſes paſſent à bord du Navire ſous les yeux du Capitaine du port, on tient un Regiſtre exact de la quantité des Sacs, des Tonneaux, des Balles, & des Caiſſes qui s'embarquent ; & le Capitaine du Vaiſſeau en donne ſon reçu, ſuivant lequel il eſt chargé de tant de Sacs, de Tonneaux, de Balles, de Caiſſes, &c.

Ainſi les Regiſtres du Port, & les Reçus du Capitaine ne conſtatent que la quantité des Sacs, Tonneaux, Balles ou Caiſſes, ſans exprimer ce qui eſt contenu dans chaque Tonneau, dans chaque Sac, dans chaque Caiſſe, ou dans chaque Balle. Il faut ſeulement obſerver que toutes ces Piéces ſont marquées d'une eſpece de ſceau, ou marque, comme d'une M. d'un P. ou de quelques autres lettres. Voilà ce qui ſe pratique par tout lorſqu'on charge un Vaiſſeau. Mais avant que ces Sacs, ces Balles, ces Caiſſes, & ces Tonneaux paſſent des Magazins aux bords de la Mer, le Garde Magazin tient un Regiſtre exaĉt de la qualité & quantité de tout ce qui eſt contenu dans chaque Sac, Balle, Caiſſe ou Tonneau, & c'eſt l'extrait de ce Regiſtre qu'on appelle Facture, c'eſt-à-dire Etat détaillé de ce qui eſt compris dans chaque Piéce.

Or le reproche fait au ſieur *de la Bourdonnais* par l'Anonyme, ſuppoſe qu'au lieu de prendre toutes ces précautions pour conſerver une Notice ſûre des Effets embarqués à *Madraz*, il a négligé les plus eſſentielles, & ne s'eſt aſſujetti pour la forme qu'aux plus inutiles. En un mot, ſon objet eſt de perſuader au Public que le ſieur *de la Bourdonnais* peut bien avoir eu l'attention de faire conſtater par des Notes, ou Connoiſſemens, qu'il avoit fait embarquer des Balles; mais qu'on n'a jamais vû ce que contenoient ces Balles, parce que, ſelon lui, il n'y a jamais eu ni Inventaires ni Faĉtures. Mais ce dernier fait, eſt d'une fauſſeté inſigne; & Meſſieurs les Commiſſaires en trouveront la preuve au Procès, dans les Papiers du ſieur *Desjardins*, établi Commiſſaire pour les Magazins à *Madraz*, & dans la Procédure de *Pondichery*.

Ils y verront que le ſieur *Desjardins* avoit tenu jour par jour, & article par article, un Regiſtre fort exaĉt, de la qualité & quantité de tous les Effets embarqués. Ils y verront qu'au moment où le ſieur *Paradis* l'expulſa du Conſeil, il rendit ſes Comptes, & remit ſes Regiſtres, dont le ſieur *Barthelemy*, alors Commandant, ou Gouverneur à *Madraz*, lui donna une décharge. Enfin, ils verront que ces Regiſtres, qui contenoient l'Inventaire, ou la Faĉture générale de toutes choſes, piéce par piéce, tant en qualité, qu'en quantité, ont été ſupprimés par MM. de *Pondichery*,

& que ne fçachant comment pallier la fouftraction de ces Regiftres importans, ils ont profité de la mort du fieur *Bruyere*, qui étoit Confeiller à *Madraz*, dans le tems que le fieur *Desjardins* y rendit fes Comptes, pour attribuer la perte de ces Livres à la négligence de ce Confeiller. On verra dans la fuite, qu'ils ont de même fupprimé les *Olles*, ou Regiftres des *Brames*.

SIXIÉME FAIT.

L'affectation d'annoncer & de fuppofer aux Ifles de France un riche Chargement au Navire le Phénix qu'on croit péri, & qui arrivant contre toute apparence ne porte que 40 Caiffes d'armes, & trois Caiffes de cloux.

RÉPONSE.

Le fait eft abfolument faux; il eft de l'invention du fieur *Morin*, qui a débité qu'à l'*Ifle de France* le fieur *de la Bourdonnais* croyant le *Phénix* perdu avoit affuré au fieur *David* Gouverneur que ce Vaiffeau étoit richement chargé, & que par l'événement ce Navire étoit arrivé n'ayant pour toute Carguaifon que des armes & du clou. Mais la fauffeté du fait eft prouvé par la dépofition du fieur *de la Chaife*, Capitaine. Ce Témoin a dépofé *qu'à l'Ifle de France il demanda au fieur* David *Gouverneur, s'il étoit vrai que le fieur* de la Bourdonnais *eût annoncé le* Phénix *comme un Vaiffeau richement chargé, & que le fieur* David *lui répondit que non, & qu'il n'avoit jamais rien entendu dire de pareil au fieur* de la Bourdonnais. Il n'y a d'ailleurs aucun Témoin qui, fur ce fait, ait parlé autrement que le fieur *de la Chaife*.

SEPTIÉME FAIT.

Le Chargement de Piaftres fur un Vaiffeau Suédois en rade de l'Ifle de France.

RÉPONSE.

L'Anonyme n'eft pas bien inftruit, puifqu'il ne parle que de Piaftres: il y avoit auffi des Pagodes; il faut l'inftruire. Voici le fait.

Le fieur *de la Bourdonnais* envoya fur le Vaiffeau Suédois mille Piaftres pour acheter des meubles de Chine , & 12000 Pagodes pour faire paffer en Europe. Mais pour-quoi, dit-on, mettiez-vous plutôt ces fonds fur un Vaiffeau Suédois que fur un Vaiffeau François? C'eft que la Suéde étant alors en paix avec toutes les Couronnes, on ne prenoit d'affurance fur les Vaiffeaux Suédois que 10 ou 12 pour cent, & que fur les autres Vaiffeaux d'Europe, tels que les François & autres, on prenoit 40, & 45 pour 100 d'affu-rance.

HUITIÉME FAIT.

Les Verfemens d'Effets pour le fieur de la Bourdonnais *à Angola, à la Côte du Bréfil, à la Martinique, à Sainte Euftache, en Hollande, peut-être ailleurs.*

RE'PONSE.

Il y a dans ces deux lignes prefqu'autant d'impoftures que de mots. L'Anonyme y fuppofe que les Sieur & Dame *de la Bourdonnais* ont mis à couvert chacun de leur côté quantité d'effets dans tous les lieux où ils ont paffé. Mais outre que ces faits ne font fondés fur aucune forte de preu-ve, quelle qu'elle puiffe être, il eft aifé de fuivre les Sieur & Dame *de la Bourdonnais* dans toute leur route, & de-puis le moment de leur départ des *Ifles* jufqu'à leur arrivée en France, & de faire voir qu'en aucun endroit ils n'ont fait aucuns verfemens d'effets, ni aucuns débarquemens clandeftins.

Il eft d'abord certain qu'en partant de l'*Ifle de France* les Sieur & Dame *de la Bourdonnais* n'ont rien embarqué, qu'au vû & au fçû de tout le monde, & fous les yeux du fieur *David* nouveau Gouverneur, qui a pû attefter à la *Compagnie* qu'ils n'avoient emporté qu'une partie de leurs meubles, uftenfiles & provifions, avec les fonds qu'ils pu-rent recevoir des gens chargés de leurs affaires dans ces Ifles.

De l'*Ifle de France* ils arriverent à *Angola*, fuivant les Ordres que le fieur *de la Bourdonnais* avoit reçus. Bientôt après il apprit qu'il paroiffoit des Vaiffeaux, & il envoya dans une Chaloupe deux Capitaines de fon Efcadre, pour reconnoître ces Vaiffeaux, pendant qu'il faifoit appareiller le fien, pour les pourfuivre s'ils étoient ennemis. Les deux Capitaines vinrent lui rapporter *que c'étoient deux Corfaires Anglois de 50 canons armés jufqu'aux dents.* Dans le même tems les Habitans d'Angola répandirent le bruit qu'il étoit attendu par une Efcadre Angloife de quinze Vaiffeaux. Ce bruit, joint à l'apparition des deux Vaiffeaux, ne laiffa pas douter que l'Efcadre ne fût bloquée, & à la veille d'effuyer un combat d'autant plus terrible, qu'il devoit être fort inégal. Prefque tous les Officiers firent au fieur *de la Bourdonnais* les plus fortes repréfentations pour qu'il mît fa femme & fes enfans à couvert du danger, fur un vaiffeau Portugais qu'il pouvoit freter pour les tranfporter au Brefil, d'où ils fe rendroient en fûreté à Lifbonne fur la Flote du Roi de Portugal. Le fieur *de la Bourdonnais* fentoit trop vivement leur péril, pour ne pas fe réfoudre à cette féparation, où le forçoit la néceffité des circonftances. Il laiffa au fieur *Bouvet*, Officier de l'*Achille*, le foin de verfer fur le petit Vaiffeau Portugais, tout ce que la Dame *de la Bourdonnais* devoit emporter avec elle. Le fieur *Bouvet* a dépofé *qu'il n'y avoit en effet que les meubles dont on vient de parler, & les hardes de la Dame* de la Bourdonnais; & le nommé *Palmo* Indien, Domeftique libre du fieur *de la Bourdonnais*, & qui a accompagné la Dame *de la Bourdonnais* jufqu'à Paris, y a auffi dépofé la même chofe : il a ajouté, *qu'il avoit toujours eu les clefs de tous les coffres embarqués, & qu'ils ne contenoient que des meubles, hardes, & papiers.* Enfin tout ce que la Dame *de la Bourdonnais* embarqua à *Angola* fut vifité très-fcrupuleufement, & le Douanier d'*Angola* en dreffa un état détaillé & certifié de lui, dont il remit un double à la Dame *de la Bourdonnais*.

D'*Angola* elle arriva au Brefil, & de-là à *Lifbonne*, où tous fes coffres furent ouverts, vifités à la Douane. On fçait que les vifites s'y font avec la derniere exactitude, parce qu'on craint qu'il ne paffe du *Brefil* des Diamans en fraude dans le *Portugal*. On vifita donc jufqu'aux papiers qui avoient été remis à la Dame *de la Bourdonnais* par fon mari. Quoiqu'elle ignorât tout ce que ces papiers contenoient, elle les confia à M. de *Chavigny*, qui étoit

alors

alors Ambaffadeur de France à la Cour de Portugal ; elle lui remit auffi l'état de fes effets certifié par le Douanier d'*Angola*. M. de *Chavigny* fit faire une traduction de cet état, dont il envoya une copie au Miniftre en France. Il a pû auffi lui envoyer un état de tous fes papiers, puifque la Dame *de la Bourdonnais* les lui avoit tous remis avec un double du Bilan de fon mari, montant à 226000 livres.

De *Lifbonne* la Dame *de la Bourdonnais* a paffé en *Efpagne*, où fes effets ont encore été vifités, & enfin elle eft arrivée en France, où ils ont effuyé de nouveau les mêmes vifites. On voit donc que les verfemens d'effets fuppofés par l'Anonyme, & qu'il impute à la Dame *de la Bourdonnais*, font de pures calomnies (a).

A l'égard du fieur *de la Bourdonnais*, lorfqu'il eut quitté fa femme & fes enfans à *Angola*, il paffa à *la Martinique*, où fon Efcadre refta. Dès qu'il vit qu'il étoit obligé de laiffer cette Efcadre fous le commandement des Officiers de la Marine du Roi, il ne penfa qu'à fe débarraffer des uftenfiles, linge de table, batterie de cuifine, vaiffelle d'argent, & provifions néceffaires pour la table d'un Commandant, & qui lui devenoient inutiles. Il fit vendre le tout à la *Martinique*, & ne garda que fes hardes, du linge à fon ufage, fes papiers, le Pavillon de *Madraz*, & environ 24000 livres en or. Voilà tout ce qu'il avoit lorfqu'il paffa dans une mauvaife Barque de la *Martinique* à l'Ifle Saint *Euftache*, où affurément il ne verfa aucuns effets, puifqu'il n'en avoit point. Par la même raifon, il ne put pas en embarquer fur le Vaiffeau Hollandois qui le conduifit en Angleterre. Tels font cependant les faits dans la plus exacte vérité, & il n'y a aucune preuve au procès qui les démente. A la vûe de ces faits fi bien circonftanciés, on croit pouvoir laiffer à l'indignation du Public le foin de donner à l'Anonyme les épithéques qu'il mérite.

(a) Elles font fi nombreufes & fi connues, que l'on a négligé d'en relever une grande partie. Par exemple, il eft faux que la Dame *de la Bourdonnais* ait jamais préfenté fes Enfans à perfonne depuis fon arrivée à Paris, comme le dit l'Anonyme (page 1.) elle n'a point cherché de pareilles reffources dans la commifération de fes Juges. Certaine de leur équité, & de l'innocence de fon mari, toutes fes follicitations fe font bornées à demander un prompt Jugement.

NEUVIÉME FAIT.

Les Lettres de Hollande, des Négocians non - suspects, qui demandent la Commission de vente de la grosse partie de Diamans que le sieur de la Bourdonnais, dit - on, portoit ; l'indication des précautions à prendre pour que la quantité de la Marchandise n'en diminuât pas le prix.

RÉPONSE.

Les ennemis du sieur *de la Bourdonnais*, dès le moment de son départ de *Madraz*, ont fait courir le bruit dans toute l'Europe qu'il emportoit de l'*Inde* vingt millions, tant en argent qu'en Diamans. Ils ont même eu l'impudence de faire imprimer ces fables dans les nouvelles publiques. Est-il étonnant qu'après avoir répandu par tout des faits de cette espéce, il y ait eu des Négocians d'Hollande assez simples pour les croire, & pour demander la Commission de vendre ces Diamans imaginaires ?

Au fond, le sieur *de la Bourdonnais* ne sçait pas si ces prétendues Lettres de Négocians non - suspects de Hollande, ont jamais existé ou non. Il n'en a jamais entendu parler. Mais s'il est vrai que des Négocians d'Hollande lui ayent écrit de pareilles Lettres, comme l'Anonyme le suppose, comment se fait-il que l'Anonyme soit instruit de ces Lettres, & que le sieur *de la Bourdonnais*, à qui elles étoient adressées, n'en ait jamais eu aucune connoissance ?

Après tant de faussetés rassemblées sans jugement, & avec un ton d'animosité propre à rendre & l'Ouvrage & l'Auteur également méprisables, l'Anonyme passe, comme on pouvoit bien s'y attendre, à l'Apologie du sieur *Dupleix*. Elle est courte, parce qu'il ne doute point qu'il ne soit d'avance pleinement justifié par les graces que la Compagnie des Indes a sollicitées & obtenues pour lui, *avant l'instruction de l'affaire de Madraz.* Dans cette persuasion il ne dit qu'un mot sur la nécessité qu'il y avoit de conserver *Madraz*, pour la sûreté de *Pondichery* ; mais il ne fait pas attention que *Pondichery* n'auroit pas été assiégé, si la Capitulation de *Madraz* avoit été tenue (*a*), & que cette raison même, en la

______

(*a*) Le sieur *de la Bourdonnais*, suivant son premier plan, sortoit de *Madraz* au plus tard le 10 Octobre. L'Escadre du sieur *Griffin* n'étoit pas en état de tenir devant la sienne ; il falloit qu'elle abandon-

fuppofant vraie, n'auroit pas balancé les Ordres du Roi, qui défendoient expreffément de garder aucune Conquête. À l'égard des avantages qu'il y avoit à tenir le Traité, & des pertes que faifoit la *Compagnie* en le rompant, il déclare qu'il ne veut point entrer dans cet examen.

Il termine fa Lettre par une efpéce de remontrance à MM. les Commiffaires, & par des vœux dont fa paffion ne lui permet pas de fentir toute l'imprudence. Voilà à quoi fe réduit ce Libelle, qui prouve au moins que fi l'on ne réfute pas mieux le Mémoire du fieur *de la Bourdonnais*, c'eft qu'on n'y peut rien répondre de raifonnable.

Enfin, après avoir détruit les Piéces extrajudiciaires que les ennemis du fieur *de la Bourdonnais* ont fabriquées contre lui, il eft tems d'en venir aux Piéces juridiques qu'il oppofe à leurs calomnies.

Ces Piéces font, comme on l'a déja dit, au nombre de trois, fçavoir, deux nouvelles dépofitions, & un Journal ou Etat des Embarquemens faits à *Madraz*.

La premiere dépofition eft celle du Pere *René* Religieux Capucin du Couvent de *Madraz*.

Il a déposé:

1°. *Qu'il n'y avoit eu aucuns effets cachés dans l'Eglife des Capucins.*

2°. *Qu'il a vû long-tems avant l'arrivée du fieur de la Bour-donnais à Madraz, embarquer tous les effets précieux des Anglois fur trois Vaiffeaux, & que le Confeil Anglois n'avoit gar-dé d'argent qu'autant qu'il lui en falloit pour fournir à fa dé-penfe pendant deux mois.*

3°. *Qu'il a vû dans le même tems les Malabares tranfporter par Terre hors de la Ville, tous leurs Effets & leurs Mar-chandifes.*

4°. *Que tous les Coulis ou Noirs avoient quitté la Ville, & s'étoient fauvés avant le Siége.*

5°. *Qu'il fçavoit du Capitaine & du Subrecargue du Vaif-feau Hollandois que le fieur de la Bourdonnais n'avoit rien fait embarquer fur ce Vaiffeau.*

nât ces mers ou qu'elle fût détrui-te. Alors que pouvoit entrepren-dre l'Amiral Bofcawen avec fes feuls Vaiffeaux, puifque les deux Efcadres réunies n'ont pû forcer *Pondichery* ?

6°. *Qu'il avoit connoissance que le sieur de la Bourdonnais avoit fait battre un ban avant que d'entrer dans la Ville pour empêcher le pillage, & qu'en effet on n'avoit rien pillé, ni fait aucun tort à personne.*

7°. *Que le sieur de la Bourdonnais n'avoit rien pris aux Arméniens, ni rien exigé d'eux.*

On voit jusqu'ici que cette déposition détruit une partie des chefs d'accusation.

8°. Il a ajouté, *qu'il avoit vû sortir des Effets de Madraz en si grande quantité, qu'il en avoit marqué son étonnement au Sr Cotterel (c'étoit le Capitaine du Port à Madraz) & que celui-ci en avoit averti celui qui commandoit alors dans la Ville.*

Ce dernier fait ayant paru important à M. le Procureur-Général de la Commission, il n'a pas crû pouvoir se dispenser de faire venir ce Religieux à Paris, & de requerir qu'il fût confronté au sieur *de la Bourdonnais*. Mais lors de la confrontation ce Témoin a déclaré, *qu'il ne se souvenoit pas si ce transport de Marchandises s'étoit fait pendant le tems que le sieur* de la Bourdonnais *étoit encore à* Madraz, *ou depuis qu'il en étoit parti.* Ce défaut de mémoire du Témoin sur l'époque précise du fait en question, a heureusement fourni une nouvelle matiere à l'exactitude de M. le Procureur-Général. Il a demandé qu'on lui envoyât de Bretagne le sieur *Cotterel*, qui arrivoit des *Indes*. Celui-ci entendu en témoignage, a déposé, *Que c'étoit pendant le tems que le sieur* Desprémesnil *étoit Gouverneur, ou Commandant à* Madraz, *que le P.* René *étoit venu l'avertir de la prodigieuse quantité d'Effets & Marchandises qui sortoient sans cesse de la Ville : que lui Témoin alla en porter ses plaintes au Gouvernement, & qu'à cause de la surdité du sieur* Desprémesnil, *il s'adressa au sieur* Barthelemy *: que le sieur* Desprémesnil *fit aussi-tôt des défenses de laisser rien sortir, mais que ces défenses n'étoient que pour la forme, puisqu'un moment après tout sortoit publiquement comme auparavant ; & que tout est sorti pendant le tems que les sieurs* Desprémesnil *&* Paradis *ont été Gouverneurs* (a).

(a) Il faut observer que quand il seroit sorti des effets pendant le séjour du sieur *de la Bourdonnais* à Madraz, on ne pourroit lui en faire un crime, parce qu'au moyen du Traité de Rançon, cette sortie d'effets n'auroit fait aucun tort à la Compagnie. Mais que MM. de *Pondichery*, qui rejettoient le Traité de Rançon pour s'en tenir

Qu'on joigne à ces deux dépositions du Pere *René*, & du sieur *Cotterel*. 1°. Celles des sieurs *Pichard*, *de Kerangal*, *Duparc*, *de Mainville*, & de cent autres Témoins, qui déposent *n'avoir vû sortir aucunes Marchandises des Anglois de* Madraz, *pendant tout le tems que le sieur* de la Bourdonnais *y a été.* 2°. Celles de beaucoup d'autres Témoins dans la Procédure des *Indes*, qui attestent *que le sieur* Desprémesnil *pendant qu'il a commandé à* Madraz, *& dès le jour même du départ du sieur* de la Bourdonnais, *permettoit aux habitans de faire sortir toutes leurs Marchandises, moyennant un droit de* 25 *ou* 30 *pour* 100 *qu'il se faisoit payer.* Qu'on se rappelle d'un autre côté que c'est ce même sieur *Desprémesnil*, qui a déposé *que le sieur* de la Bourdonnais *laissoit sortir de* Madraz *jusqu'à mille balles de Marchandises par jour*, & qu'il est d'ailleurs le seul & unique Témoin sur ce fait, & l'on verra ce qu'on doit penser d'un homme, qui a eu la noirceur d'attribuer ses propres faits à un autre, dont il connoissoit mieux que personne l'innocence.

Enfin, il y a lieu de croire que sur cet article MM. les Commissaires pousseront encore leurs réflexions plus loin, lorsque d'un côté ils considereront quel intérêt le sieur *Desprémesnil*, le sieur *Paradis*, & le sieur *Dupleix* ont eu de persuader que le sieur *de la Bourdonnais* avoit laissé sortir toutes sortes de Marchandises de *Madraz*, & que d'un autre côté ils ne verront ce fait attesté que par le sieur *Desprémesnil* lui-même, & par trois Soldats (*a*) convaincus de faux-témoignage. Toutes ces circonstances rapprochées les unes des autres, sera-t-il difficile d'appercevoir la liaison qu'elles ont entr'elles, & de toucher au doigt les plus affreuses vérités ?

Mais ce qu'on vient de rapporter du sieur *Cotterel*, sur le fait de la sortie des Marchandises, n'est qu'une partie de sa déposition. Le reste n'est pas moins digne de l'attention du Public. Il est donc essentiel de l'en instruire; il est bon cependant de sçavoir auparavant ce que c'est que le sieur

---

aux effets qui se trouveroient dans la Ville, ayent accordé, ou plutôt vendu aux Particuliers la liberté de faire sortir les Marchandises; il est évident que c'est un tort réel fait à la *Compagnie*.

(*a*) Les nommés *Manso*, *Poulain* & *Montigny*. V. le Mémoire pag. 212 & suiv.

Cotterel, & de rapporter quelques Anecdoctes qui serviront à éclaircir un des principaux faits de sa déposition.

Le sieur *Cotterel* est un homme, dont la *Compagnie* connoît depuis longtems la probité, & il a toujours joui dans l'*Inde*, de la réputation la plus entiere. Dans l'expédition de *Madraz*, il étoit Capitaine de Port (*a*), & conséquemment, c'étoit lui qui avoit une infpection générale fur tous les embarquemens qui fe faifoient ; enforte que rien ne fortoit de *Madraz* pour pafler fur les Vaiffeaux, quels qu'ils fuffent, Etrangers ou François, fans le vifa du fieur *Cotterel*. Il avoit fous fes ordres les *Brames*, dont la commiffion étoit de tenir des comptes exaéts de tout ce qui s'embarquoit ; & il faut bien obferver que c'eft fur ces Comptes des *Brames*, contenant en détail tout le chargement des Vaiffeaux, qu'on devoit compter à la *Compagnie* du produit de la prife de *Madraz*. De fon côté, pour fa propre fatisfaétion, par un efprit d'ordre, & pour fe mettre en état de rendre par lui-même au fieur *de la Bourdonnais*, un compte jufte & circonftancié de tout ce qui feroit embarqué pendant le féjour de l'Efcadre à *Madraz*, le fieur *Cotterel* avoit tenu en fon particulier, un Journal détaillé de tous ces Embarquemens, jour par jour, article par article, pendant que d'une autre part, le fieur *Desjardins*, Commiffaire aux Magazins, avoit tenu un Regiftre de la qualité & quantité de chaque effet embarqué. On a vû que ce Regiftre du fieur *Desjardins* a été fupprimé par MM. de *Pondichery* : voici préfentement quel a été le fort de ces Etats tenus, tant par les *Brames*, que par le fieur *Cotterel*. Ce font des particularités qui méritent toute l'attention de MM. les Commiffaires.

Comme le fieur *Cotterel* n'étoit point obligé par les devoirs de fa Place, de tenir aucuns comptes ni états des effets embarqués, & que ce foin ne regardoit que les *Brames* qui en étoient chargés fous lui, on ignoroit d'abord à *Pondichery*, que le fieur *Cotterel* eut pris gratuitement la peine de tenir un Journal fi long & fi affujettiffant. Ainfi on ne penfoit pas que le compte des effets embarqués, fe

______

(*a*) On a mis mal-à-propos dans le Mémoire que le fieur *Cotterel* étoit Douanier à *Madraz*, il étoit Capitaine de Port comme on le dit ici.

trouvât conftaté ailleurs que dans le **Regiftre** du fieur *Des-jardins* , & dans les *Olles* , ou Etats tenus par les *Brames* ; enforte qu'en fupprimant ces *Olles* ou Etats, comme on avoit déja fupprimé le Regiftre du fieur *Desjardins* , on fe flattoit de pouvoir prendre impunément dans les effets em-barqués, tout ce qu'on jugeroit à propos , & de ne rendre compte que de ce qu'on voudroit. On fe flattoit d'en être quitte , en difant à la *Compagnie : Meffieurs* , *voilà tout ce que M.* de la Bourdonnais *nous a laiffé ;* on n'auroit pas manqué d'ajouter qu'il avoit emporté les meilleurs effets, & qu'il avoit même enlevé les Regiftres, les *Olles* des *Bra-mes* , &c. Peut-être même tout cela a-t-il déja été dit à la *Compagnie.* Quoiqu'il en foit, ce moyen d'acquérir paroif-fant tout fimple & fort commode, on ne balança pas à fup-primer , après le départ du fieur *de la Bourdonnais* , ces *Olles* , ou Etats tenus par les *Brames.* Le fait de la fuppref-fion eft conftant & dépofé par le fieur *Defprémefnil* & par le fieur *Kerjean.* En un mot, on convient que ces *Olles* ont difparu ; mais comment, & par qui ont-elles été enlevées? C'eft ce que le fieur *de la Bourdonnais* ignore , & c'eft auffi ce que les fieurs *Defprémefnil* & *Kerjean* , ont dit ne pas fçavoir , & il faut noter qu'ils font les feuls Témoins qui ayent parlé de l'enlévement de ces *Olles.*

Long-tems après cette Suppreffion , on en a fenti les conféquences, & l'on a cherché à mettre ce nouveau Dé-lit , fur le compte du fieur *de la Bourdonnais,* ou du moins fur celui du fieur *de la Villebague* fon frere , & du fieur *Desjardins* ; c'eft ce que Meffieurs les Commiffaires , pour-ront voir par la Procédure faite aux *Indes* , dans laquelle , malgré tout ce qu'on a pû faire , aucun de ces trois Accu-fés , ne s'eft trouvé chargé. Le fieur *Cotterel* a même été décreté d'affigné pour être oüi dans cette inftruction , & le 5 Décembre 1748 , il fubit un Interrogatoire , dans le-quel il affura *que tant qu'il avoit été à* Madraz , *il avoit tou-jours vû ces* Oiles *dans un Pupitre chez les* Brames, *& qu'il n'avoit jamais fçu ni entendu dire , qu'elles euffent été prifes ou perdues pendant le tems que l'Efcadre étoit reftée à* Ma-drez.

Enfin le fieur *Dupleix* ayant fçu que le fieur *Cotterel* avoit lui-même un Etat des embarquemens , qu'il fembloit tenir caché, il se figura que cet État, ou Journal, pouvoit bien contenir des articles propres à fournir des preuves contre le sieur *de la Bourdonnais*, & ce soupçon lui fit naître le désir de voir ce Journal. Le sieur *Cotterel* ne l'ayant pas alors sous sa main, répondit qu'il le chercheroit. Cette réponse fut regardée comme une défaite d'un homme qui craignoit apparemment de desobliger le sieur *de la Bourdonnais*, en communiquant une Piéce qui pouvoit lui être desavantageuse. Dans cette persuasion, le sieur *Dupleix* donna ordre qu'on assignat le sieur *Cotterel* pour l'obliger de représenter ce Journal, dans lequel on comptoit faire quelque grande découverte. De son côté, le sieur *Cotterel* assigné, ne voulut point le remettre, à moins qu'il n'y fut condamné par un Jugement du Conseil, & qu'outre cela, le Greffier ne lui en donna un récépissé en bonne forme. Ces conditions piquerent encore plus la curiosité du sieur *Dupleix*, & fortifierent ses soupçons. Il fit donc rendre par le sieur *Guillard*, Commissaire du Conseil de *Pondichery*, & sur les Conclusions du sieur *le Maire*, Procureur Général, le 17 Fevrier 1749, une Ordonnance qui contraignoit par corps le sieur *Cotterel*, à déposer au Greffe le Journal en question. Celui-ci satisfit à cette Ordonnance, & remit au Greffe la Piéce tant désirée, dont le Greffier lui donna son récépissé le même jour 17 Fevrier 1749.

Ce Journal est la derniere des piéces dont on a cru devoir instruire le public; il sera imprimé à la suite de ce Supplément, & l'on y verra qu'en Marchandises, Agrès, & Apparaux, le sieur *de la Bourdonnais*, indépendamment des 11 0000 Pagodes de rançon, tiroit de *Madraz* au moins quatre millions en nature. Que tout cela est-il devenu ? Cette piéce prouve d'ailleurs que le sieur *de la Bourdonnais* n'a rien fait embarquer pour son compte, & d'un autre côté l'on n'a jamais prétendu qu'il ait rien fait sortir par terre ; ensorte qu'il est évident qu'il n'a rien emporté ni par terre ni par mer. Mais revenons à la déposition du sieur *Cotterel*, & suivons-la article par article.

En parlant de ce Journal contenant l'état de tout ce qui s'étoit embarqué, il a déposé *que le sieur* Dupleix, *après avoir lû & examiné ce Journal, qui, loin de charger le sieur* de la Bourdonnais, *faisoit au contraire sa justification, avoit*

demandé

demandé à lui Témoin, POURQUOI IL N'AVOIT PAS BRULE' CETTE PIECE ; *à quoi il avoit répondu, qu'il l'avoit gardée pour servir à la justification de qui il appartiendroit : que sur cela le sieur* Dupleix *lui avoit demandé pourquoi il avoit toujours pris contre lui le parti du sieur* de la Bourdonnais, *en ajoutant* QU'IL AVOIT LE DIABLE AU CORPS [*] POUR LUI FAIRE DE LA PEINE : *que lui Témoin avoit repliqué qu'il avoit toujours pris le parti du sieur* de la Bourdonnais, *parce que c'étoit celui de la justice & de la raison ; qu'il seroit toujours partisan de la vérité, & que, si lui sieur* Dupleix, *n'avoit pas eu tort, il se seroit mis de son côté.*

Cette partie de la déposition du sieur *Cotterel* ne demande point de commentaire. Le reproche que le sieur *Dupleix* a fait au Témoin *de n'avoir pas brûlé le Journal* en question, marque assez que si la suppression de cette piéce avoit dépendu de lui, il ne l'auroit pas épargnée. Quand on voit d'ailleurs ce même sieur *Dupleix* proposer amicalement au sieur *de la Bourdonnais* dans une Lettre du 29 Septembre 1746. (a) de supprimer toutes leurs Lettres & celles du *Conseil*, (b) & que d'un autre côté on le voit supprimer très-réellement, & lacerer à la vue de MM. de *Pondichery* une Délibération du Conseil qui lui déplaisoit, à qui attribuera-t'on l'enlevement des *Olles* ou Regiftres tenus par les *Brames*, qui ont conftamment difparu depuis le départ du sieur *de la Bourdonnais*, la suppression des Livres Anglois, s'il eft vrai qu'ils foient fupprimés, comme le fuppofe le dernier Ecrit Anonyme, & la fuppreffion des Livres du sieur *Desjardins*, qui fe trouvent conftamment perdus, quoiqu'il foit bien prouvé par un Acte de décharge en bonne forme, qu'il les avoit remis à MM. du Conseil de *Madraz ?*

Sur le fait du Vaiffeau Hollandois (c) le sieur *Cotterel* a dépofé *qu'il avoit vû ce qui y avoit été embarqué, que tout confiftoit en meubles, comme chaifes, & canapés, vivres, & chofes femblables ; qu'il n'y avoit rien pour le compte du sieur* de la Bourdonnais ; *qu'il n'y avoit ni* Bouées, *ni* Orins *aux* Caiffes ; *que c'étoit lui Témoin qui fournissoit les Chelin-*

(a) Les Piéces, N°. LXXXI. pag. 132 & 133.
(b) V. la Note, page 226 & suiv. du Mém.
(c) V. le Mém pag. 259.

gues après que le service de la Compagnie *se trouvoit fait,
ce qui faisoit qu'elles partoient tard, mais qu'elles partoient
de jour.* Il a ajouté une circonstance très-remarquable,
sçavoir ; *que le sieur* David Boutet, *Capitaine de ce Vaisseau
Hollandois, étoit venu plusieurs fois à* Pondichery, *pendant
qu'on instruisoit le Procès des sieurs* de la Villebague *&* Desjardins, *& qu'il y avoit demeuré des 8 & 15 jours de suite,
sans qu'on l'ait fait déposer, parce qu'on sçavoit bien qu'il diroit la vérité, & que sa déposition seroit entiérement à la décharge du sieur* de la Bourdonnais.

Sur l'article de l'emprisonnement des Arméniens (*a*),
le sieur *Cotterel* a déposé *qu'ils n'avoient été arrêtés qu'à la
requisition des Anglois, & pour les obliger de contribuer à
la rançon : que dès l'instant qu'ils furent convenus de leurs
conditions avec les Anglois, ils furent relâchés, & que le
sieur* de la Bourdonnais, *loin de rien exiger d'eux pour son
compte, avoit même obligé l'un des principaux & des plus
riches d'entr'eux, nommé* Coja Petrus, *de recevoir le paye-
ment de quelques pièces de Chite qu'il l'avoit chargé d'acheter, & dont cet Arménien vouloit lui faire présent ; que lui
témoin tenoit tous ces faits de* Cojas Petrus *lui-même.*

Sur le présent de cent mille Pagodes prétendu fait au
sieur *de la Bourdonnais*, il a déposé *que c'étoit une calomnie
ridicule.* Il a ajouté, *que jamais personne n'avoit mieux servi
la* Compagnie *que le* Sr de la Bourdonnais, *& que sans lui
elle n'auroit peut-être plus d'établissemens aux* Indes *: que toutes
les accusations qu'il voyoit, soit dans la Plainte dont on lui venoit de faire lecture en* France, *soit dans celle qu'on lui avoit lûe
aux* Indes, *n'étoient que des calomnies sorties de chez le sieur*
Dupleix, *d'où elles couroient par tout de bouche en bouche.*

Pour le prouver, le sieur *Cotterel* auroit pû encore rendre compte dans sa déposition d'un fait particulier que
voici.

Dans sa traversée des *Indes* en Europe, il étoit sur le
Vaisseau le Prince, que commandoit le sieur *de Beaubriant*, qui est depuis peu de tems de retour en France.
Ce Capitaine ayant un jour dans la conversation marqué
une prévention violente contre le sieur *de la Bourdonnais*,
le sieur *Cotterel* lui demanda ce qui pouvoit le faire si mal
penser d'un homme, qui avoit l'estime de tant d'honnêtes

______
(*a*) V. le Mémoire pag. 201.

gens. Quelque chose qu'on m'en puisse dire, répondit le sieur *de Beaubriant*, un fait le décide à jamais dans mon esprit. Hé quel est donc ce fait, dit le sieur *Cotterel*? C'est, reprit le Capitaine, le vol d'un certain Diamant de prix qu'il a escamoté à la Dame *Mederos* (*a*). Si le fait étoit vrai, répondit le sieur *Cotterel*, vous auriez grande raison de le juger par ce seul trait, mais il est d'une fausseté reconnue. Cela n'est pas possible, répliqua le Capitaine, puisque je le tiens du sieur *Dupleix*, qui me l'a attesté comme un homme fort instruit de la vérité. Hé bien, dit le sieur *Cotterel*, le sieur *Dupleix*, quoiqu'encore mieux instruit de la vérité que vous ne le pensez, vous en a imposé, & si vous refusez de me croire sur ma parole, il ne tient qu'à vous de vous en convaincre tout-à-l'heure par la bouche d'un Témoin non suspect que vous avez à votre bord; c'est, continua le sieur *Cotterel*, le sieur *de la Métrie*, gendre de la Dame *Mederos* propriétaire du Diamant en question, & c'est précisément celui des mains de qui ce Diamant a passé dans celles du sieur *de la Bourdonnais*; vous pouvez le faire venir, & lui demander ce qui en est; il vous dira que le fait est absolument faux; que c'est lui-même qui a vendu pour la Dame *Mederos* sa belle-mere le Diamant dont il s'agit au sieur *de la Bourdonnais*, qui lui en a payé ou fait payer le prix convenu. Il peut encore vous dire que le sieur *Dupleix* ayant un jour à *Pondichery* débité en ma présence la même calomnie, qui vous a si fort prévenu contre le sieur *de la Bourdonnais*, j'osai lui soutenir qu'il étoit fort mal informé, & que je lui produisis pour Témoin, comme je fais aujourd'hui, le sieur *de la Métrie* lui-même, qui lui protesta devant moi qu'en effet le Diamant avoit été bien vendu & bien payé. Le ton assuré du sieur *Cotterel* étonna le sieur *de Beaubriant*; & comme l'information étoit trop facile pour n'être pas faite sur le champ, il fit appeller le sieur *de la Métrie*, qui confirma mot pour mot tout ce que le sieur *Cotterel* venoit de dire.

Cet éclaircissement conduisit insensiblement à un autre. On rapprocha les époques, & l'on trouva que le prétendu vol du Diamant avoit été certifié au sieur *de Beaubriant*

(*a*) V. le Mémoire pag. 246.

par le sieur *Dupleix*, long-tems après l'attestation contraire que lui avoit donnée sur ce fait le sieur *de la Métrie*. On conçoit bien que cette derniere découverte mit le sieur *Dupleix* à la place du sieur *de la Bourdonnais* dans l'esprit du Capitaine, & il y a apparence qu'il la conservera long-tems.

Par ce dernier trait, & par beaucoup d'autres qui se trouvent répandus, soit dans le Mémoire du sieur *de la Bourdonnais*, soit dans les Piéces justificatives, on voit assez que le sieur *Cotterel* ne s'est pas trompé, lorsqu'il a dit dans sa déposition qu'il ne reconnoissoit dans tous les faits de la plainte, qu'un assemblage des calomnies enfantées sous ses yeux dans la maison du sieur *Dupleix*, & accréditées ensuite dans le Public par les bons offices de ses Emissaires. En peut-on douter, en effet, lorsqu'en remontant à la source, & en suivant le progrès de cette malheureuse affaire, on n'y découvre pour Délateurs, pour Parties secretes, pour principaux Témoins que le sieur *Dupleix* & sa famille ?

On ne sçauroit d'abord disconvenir que ce ne soit sur les Mémoires du sieur *Dupleix* que le sieur *de la Bourdonnais* a été arrêté, & que les faits de la Plainte ont été dressés. C'est donc lui qui a surpris par un tissu de faussetés la Religion d'un Ministre universellement connu par la droiture de ses vûes, & celle même d'un Roi si particuliérement distingué entre les Souverains, par sa haine pour l'injustice.

Qu'on ne dise pas pour excuser la noirceur de ses accusations que le Sr *Dupleix* n'a péché que par erreur & par un excès de zèle : qu'on ne cherche point à le disculper, en disant qu'il n'a crû que soutenir les droits de sa Place, & les intérêts de la Compagnie des *Indes*. Il est clairement prouvé qu'il n'a pû se tromper, & qu'il ne s'est trompé en effet, ni sur l'un ni sur l'autre point. Il a sçu, & tout le Conseil de *Pondichery* a sçu comme lui, & ils ont expressément reconnu les uns & les autres dans leurs Lettres (*a*) que le Commandement de tous les Vaisseaux de la *Compagnie*, & conséquemment de toutes les Troupes qui s'y trouveroient embarquées, étoit confié par le Roi & par les Ministres au sieur *de la Bourdonnais* seul. Pourquoi donc le sieur *Dupleix* s'est-il emparé du Commaa-

(*a*) V. les Piéces, N°. CXVI.

dement de ces Vaisseaux & de ces Troupes? Pourquoi a-t-il abusé du nom du Roi jusqu'au point de défendre au nom de Sa Majesté aux Capitaines de l'Escadre d'obéir au sieur *de la Bourdonnais* (a), qu'il reconnoissoit pour le seul homme à qui le Roi eût donné le droit de les commander? Pourquoi a-t-il donné des ordres de l'enlever mort ou vif? Pourquoi l'a-t-il exposé à se perdre avec ses Troupes & ses Equipages, en lui donnant, par la plus insigne perfidie, un faux rendez-vous à *Merguy* (b).

C'est encore s'abuser visiblement, que d'imaginer que le sieur *Dupleix* ait pû croire de bonne foi qu'il avoit le droit de commander à *Madraz*. Tout prouve que cette prétention chimérique n'a jamais été qu'un prétexte. N'en trouve-t-on pas des preuves non-équivoques dans sa conduite? Avant le Siége de *Madraz*, & même dans les premiers jours qui ont suivi la prise de cette Ville, non-seulement il n'a laissé entrevoir au sieur *de la Bourdonnais* aucune idée de cette prétention, mais il a même formellement reconnu que le Commandement dans *Madraz* appartenoit au sieur *de la Bourdonnais* seul, puisqu'il a été jusqu'à le complimenter sur son titre *de Commandant à Terre*, & à le féliciter sur *la satisfaction qu'il avoit de commander dans un endroit fameux, qui n'est au Roi*, ajoutoit-il, *que par la conquête que vous en venez de faire*. Ce sont les termes d'une Lettre du sieur *Dupleix*, du 23 Septembre (c). Quels motifs l'ont donc porté dans la suite à disputer ce Commandement au sieur *de la Bourdonnais*? Qu'on les cherche dans les événemens qui ont suivi. Qu'y trouve-t-on, ou plûtôt que n'y découvre-t-on pas? D'abord on y voit rompre au hazard, sans cause, sans prétexte, & sans examen, un Traité solemnel juré & signé entre deux Nations. On y voit le sieur *Dupleix* & un Conseil esclave de ses volontés, violer eux-mêmes les paroles qu'ils avoient données, & les engagemens personnels qu'ils avoient contractés? Qu'on leur demande pourquoi ils ont ainsi manqué au droit des gens & à la foi publique. Est-ce pour l'honneur du

<hr>

(a) C'est surtout lorsque le sieur *Dupleix* a empêché les Capitaines d'aller secourir quatre Vaisseaux prêts à périr, que sa conduite révolte d'avantage. V. le Mém. page 112 & suiv.

(b) Voyez les Piéces, N°. CLXXXIX. & la Note (c) du même N°.

(c) V. les Piéces, N°. LX, page 95.

nom François ? Eſt-ce pour l'intérêt de la *Compagnie* ? Eſt-ce enfin par des vûes particulieres d'avarice & de cupidité ? Quelle que ſoit leur réponſe, on ne ſçauroit ſur ce point les juger que par les faits. Or quels faits ont été les ſuites funeſtes de cette étonnante conduite ?

Madraz conſervé contre les Ordres du Roi les plus précis & les plus formels ; *Madraz* fortifié avec des dépenſes conſidérables, dont nos Ennemis ont ſeul profité ; *Pondichery* bloqué, aſſiégé ; le Commerce de la Compagnie interrompu depuis pluſieurs années ; la Guerre allumée entre les Naturels du Pays & les François ; Guerre qui coute des ſommes immenſes à la *Compagnie*, & qui par la ceſſation du Commerce lui cauſe des pertes infinies : Voilà dans l'exacte vérité ce qu'a produit la rupture du Traité de *Madraz*.

Dira-t-on que la *Compagnie* eſt dédommagée d'ailleurs de tant de dépenſes, de pertes & de malheurs ? En quoi ? C'eſt à elle-même qu'on en appelle, ou plûtôt c'eſt à la notoriété publique qu'on s'en rapporte. Que ſont devenus ſes Vaiſſeaux ? Les uns ont péri ; les autres ont été brûlés par les Ennemis ; d'autres ont été forcés de s'échouer. Enfin, pour ne point compter tous les avantages des nouvelles entrepriſes qu'on a fait manquer au ſieur *de la Bourdonnais*, où la Compagnie trouvera-t-elle un bénéfice qui la dédommage des 14 ou 15 millions de rançon que le Traité lui procuroit honorablement, ſans riſques & ſans dépenſes ? Eſt-ce dans l'augmentation de ſon Commerce groſſi par la ruine du Commerce Anglois ? Tout le monde ſçait que pas un habitant de *Madraz* ne s'eſt établi à *Pondichery*, & le traitement fait aux Marchands *Maures* par les Srs *Friel* & *Paradis* ne nous aprend que trop combien les Naturels du Pays ont été éloignés de commercer avec MM. de *Pondichery*. Eſt-ce dans le produit de *Madraz* mis au pillage, que la *Compagnie* a trouvé un profit ſupérieur aux 15 millions de rançon ? C'eſt ici qu'on attend les Apologiſtes anonymes du Sr *Dupleix*. Que diront-ils à la vûe du brigandage affreux que leur atteſtent les derniers Témoins produits par M. le Procureur-Général de la Commiſſion ? Que peut aujourd'hui penſer la *Compagnie*, quand on lui fait voir que ces Hommes qu'elle a juſqu'ici honorés d'une confiance & d'une protection ſinguliere, ſont eux-mêmes ſeuls coupables des crimes qu'ils ont fauſſement imputés au sieur *de la Bourdonnais* ? Est-il possible que sur ce point il lui reste quelques doutes , lorsqu'elle voit d'un côté le sieur *Dupleix* employer la ruse & l'artifice , & forcer toutes les régles pour donner le Commandement de *Madraz* au sieur *Paradis* ; (*a*) & que d'un autre côté on lui prouve que ce sieur *Paradis*, mis en place avec tant de prédilection par le sieur *Dupleix*, emportoit de *Madraz* à *Pondichery* une quantité de coffres & de malles dont le sieur *Dupleix* interdisoit la visite aux Commis de la Douane , pendant qu'il leur étoit d'ailleurs enjoint de visiter avec la derniere rigueur tout ce qui arrivoit de *Madraz* à *Pondichery* ? Enfin la *Compagnie* peut-elle fermer les yeux sur les preuves non suspectes que l'instruction lui fournit ? Peut-elle ne pas reconnoître jusqu'à quel point elle a été trompée , quand des hommes , dont la probité & l'attachement lui sont connus , & qu'elle regarde elle-même comme des Témoins irréprochables , lui assurent , & attestent à la face de la Justice , que c'est sous le Gouvernement des sieurs *Desprémesnil* & *Paradis* , & non pas pendant le séjour du sieur *de la Bourdonnais* à *Madraz* , qu'on a laissé sortir en fraude tous les Effets de cette Ville.

C'est dans cette conduite des Gouverneurs placés à *Madraz* par le sieur *Dupleix* qu'on pénétre , ou plutôt qu'on voit à découvert les véritables motifs des efforts qu'a faits le sieur *Dupleix* pour avoir le Commandement dans cette Ville. Peut-on se dissimuler la liaison de la cause à l'effet , quand on considere que s'il n'avoit point disputé le Commandement de *Madraz* au sieur *de la Bourdonnais* , le parti du rançonnement avoit lieu , & que le Traité de rançon subsistant , il n'y avoit plus de pillage à espérer dans la Ville ?

Faut-il encore ajouter à l'évidence de ces réflexions des circonstances qui les confirment? L'instruction n'en fournit que trop pour l'honneur du sieur *Dupleix*. Qu'y a-t-il en effet de plus propre à fortifier ces premieres preuves , que la suppression générale de tous les Livres & papiers qui pouvoient fournir des renseignemens sur l'état de *Madraz* , & sur le produit de cette prise ? Par quelle fatalité toutes

(*a*) V. les Piéces , Nᵒ. CCXXI , ‖ à la fin CCXXX. §. 13 3 CCLIII, pag. 7 & 8. CCXXII. CCXXVII, ‖ page 28.

ees piéces ont-elles disparu ? Pourquoi les Livres de la Compagnie Angloise, qui exiftoient encore à *Madraz*, lorfque le fieur *de la Bourdonnais* en eft parti, ne fe trouvent-ils plus ? Pourquoi les Journaux du fieur *Desjardins* Garde-magazin, rémis entre les mains de MM. de *Pondichery*, qui en ont donné décharge, font-ils éclipfés ? Pourquoi les *Olles*, ou feuilles des *Brames*, qui ont fubfifté jufqu'au départ du fieur *de la Bourdonnais*, fe trouvent-elles perdues ? Quel coup étrange du hazard a fait périr tout à la fois tant de piéces précieufes difperfées dans des dépôts différens ? Enfin lorfque le zèle d'un Officier attaché depuis longtems au fervice de la *Compagnie* en fauve une qu'on ignoroit, & qui femble fuppléer à la perte de prefque toutes les autres, pourquoi le fieur *Dupleix* eft il le feul qui fe plaigne de la confervation de cette piéce unique ? Pourquoi, dans l'impoffibilité de la fupprimer, en regarde-t-il l'exiftence, comme un Témoin qui peut le deshonorer & le perdre ? Enfin pourquoi dans les premiers tranfports de fon dépit lui échappe-t-il de faire des reproches fi vifs au Confervateur de cette piéce, *de ce qu'il ne l'a pas brûlée ?*

Quand on fuivra la gradation de tous ces faits, on verra fans peine le double intérêt qu'a eu le fieur *Dupleix* de s'oppofer au rançonnement de *Madraz*, & d'accufer le fieur *de la Bourdonnais* d'avoir diverti les richeffes de cette Ville. On réconnoîtra en même-tems que le fieur *Defprémefnil* fon gendre, & les fieurs *Friel*, & *Kerjean* fes neveux, n'ont pas été moins perfonnellement intereffés à appuyer toutes fes calomnies.

Mais fi jufqu'ici ils ont réuffi dans une partie de leur projet, on croit pouvoir dire qu'ils ont échoué dans l'autre, puifqu'ils n'ont pû prouver aucun des crimes qu'ils ont eu la méchanceté d'imputer au fieur *de la Bourdonnais*, & qu'au contraire ils fe font décélés eux-mêmes. Ce n'eft pas en effet le fieur *de la Bourdonnais* qui a cherché à les faire connoître. Nul d'entr'eux ne fçauroit lui refufer la juftice d'avouer qu'il ne lui eft échappé fur leur compte aucun fait inutile ou étranger à fa défenfe. Il peut même affurer que ce n'eft pas fans regret qu'il s'eft vû obligé de rétorquer avec force contre le fieur *Defprémefnil*, les accufations dont ce Témoin l'a chargé fi indignement ; il auroit voulu pouvoir ménager

ger davantage dans fa perfonne, le fils d'un pere qui a toujours été eftimé par fa probité, & le frere ou le proche pa-
rent de beaucoup d'honnêtes gens, dont il feroit à fouhaiter
qu'il eût mieux fuivi les confeils & les exemples. Enfin fi
les ennemis du fieur *de la Bourdonnais* reffentent aujour-
d'hui tout le poids de l'indignation publique, dont ils ont
cherché à l'accabler, ils ne peuvent s'en prendre qu'à eux-
mêmes, puifque ce font leurs propres écrits, leurs lettres,
leurs déclarations, leurs dépofitions, qui fervent tout à la
fois à les confondre, & à juftifier le fieur *de la Bourdonnais*.

Signé, MAHE' DE LA BOURDONNAIS.

L E Confeil foufligné, qui a lû le Supplément de Mémoire ci-deffus, eft d'avis que les trois premieres Piéces
y énoncées ne méritent par elles-mêmes aucune forte
de confidération ; qu'elles y font d'ailleurs réfutées de la
maniere la plus folide, & que les trois dernieres Piéces
fourniffent de nouvelles preuves de l'innocence du fieur *de
la Bourdonnais* & de la noirceur des calomnies dont on a
voulu le rendre la victime.

Délibéré à Paris le 15 *Janvier*

COCHU, MALLAR

CHARGEMENT

FAIT à *Madraz* des Vaiſſeaux de l'Eſcadre Françoiſe, année 1746.

La Piéce ſuivante eſt une des plus déciſives qui ſoient au Procès. On y voit juſqu'au moindre cordage, tout ce qui a été embarqué à Madraz ſur l'Eſcadre du Sieur de la Bourdonnais : ainſi elle prouve qu'il n'a rien emporté par mer de cette ville pour ſon compte. S'il en avoit détourné par terre quelques effets, après ſon départ le ſieur Dupleix ne pouvoit manquer de les trouver, & l'on en ſeroit informé depuis long-tems en France : il n'en a pas été queſtion dans toute l'affaire ; on doit donc conclure que le ſieur de la Bourdonnais n'a certainement détourné aucuns effets de la ville de Madraz, ni par terre ni par mer.

CHARGEMENT
DU BRIGANTIN LE BRILLANT.

A *Madraz* le 26 Septembre 1746.

Ce Brigantin étoit une des deux priſes que l'Eſcadre avoit faites au commencement de Septembre ; le ſieur de la Bourdonnais le fit partir le 4 Octobre chargé de cordages pour les Iſles, où il portoit la nouvelle de la priſe de Madraz. Lorſque ce Vaiſſeau arriva à l'Iſle de France, le ſieur David en occupoit le gouvernement.

26 Sep. 1746.	1 Grelin d'Europe de		8 pouces.
	1 D°.	Id.	6
	1 D°.	Id.	$8\frac{1}{2}$
	1 Auſſiere	Id.	5
	1 Id.	Id.	8
	1 Id.	Id.	5
	1 Id.	Id.	9
	1 Id.	Id.	5
	8 Pieces Cordages d'Europe.		

A

Id. Sep. 29 2 Bariques Araque.
4 Grattes.
14 Pieces même Cordage d'Europe.

29. 1 Cable d'Europe de 16 pouces $\frac{1}{4}$
1 D°. Id. 18
1 D°. Id. 11 $\frac{1}{2}$
1 D°. Id. 17 pouces.
30 Sacs de Ris.
2 Dabars de Mantaigue.
13 Sceaux de Cuir pour jetter l'eau.

30 Sep. 1746. 1 Cable d'Europe de 9 pouces.
1 Grelin D°. de 4 pouces.

1 Cable d'Europe de 12 pouces.
2 D°. Id. 11
2 D°. Id. 12
4 D°. Id. 11
1 D°. Id. 9
1 Piece Auffiere, Id. 4 pouces.

30 1 Cable d'Europe de 10 pouces.
1 D°. Id. 11
1 Piece Auffiere de 4 p. $\frac{1}{2}$
1 D°. 4
1 D°. 3 $\frac{1}{2}$
1 D°. 3
1 Petit Cable de 2 pouces.

3 Oct. 1746. 1 Baril de Gaudron.
2 Baril de Bray graffe.
1 Barique Bœuf falé.
4 Sacs de bled.
2 Dabars de Mantaigue.
4 Sacs de bifcuit.

3

Chargement du Vaisseau le Lys, à Madraz le 27 Septembre 1746.

Dans le coup de vent du 6 Avril, ce Vaisseau fut dématé : comme il marchoit le plus mal de l'Escadre, il ne pouvoit qu'embarrasser dans une expédition de guerre, & le sieur de la Bourdonnais l'envoya le 28 Septembre à Pondichery pour y prendre la Carguaison pour Europe, que le sieur Dupleix avoit promise. On a vû dans le Mémoire qu'aulieu de charger ce Vaisseau, le sieur Dupleix lui deffendit d'obéir au sieur de la Bourdonnais, qui cependant le ramena aux Isles avec l'Achille.

27 Sep. 1746.

1 Mortier de Bronze de   12 po uces

1 Dº.   9 $\frac{3}{4}$

2 Canons de bronze de 2 livres de calibre avec leurs affuts à roues & avantrain.

2 Canons de fer de 6 livres de calibre avec leurs affuts & avantrain.

1 Mortier de fonte de 6 pouces avec son affut.

Chargement du Vaisseau le S. Louis, à Madraz le 26 Septembre 1746. fini le 7 Octobre.

Les réparations dont le S. Louis avoit besoin, déterminerent le sieur de la Bourdonnais à l'envoyer aussi à Pondichery où il devoit prendre sa Carguaison pour l'Europe, & aller ensuite se faire caréner en passant à l'Isle de France. On sçait que le sieur Dupleix ne lui permit pas de suivre ces Ordres, & que l'ayant gardé dans l'Inde, ce Vaisseau fut obligé de s'échouer à Mahé, pour n'être pas pris par les Anglois.

4

26 Sep. 1746. 2000 Sacs de Salpêtre.   } Pour remettre
           604 Balles de Drap.   } à Pondichery.
            11 Caisses Do.

      1 Paquet de Frise.
    17 Barique de Viande salée.
    17 Pipes Daraque.
      6 Barique Ditto.
  120 Sacs de ris.
      1 Grelin de   8 pouces $\frac{1}{2}$
      1 Do. de   5 pouces.
      1 Grelin de   4 pouces.
      3 Do. de   3 $\frac{1}{2}$
      2 Do. de   2 $\frac{1}{2}$
      8 Pieces cordages de   2 pouces.
      1 Grelin de   6 pouces.
      1 Pipe de Vin de Xerés.
      6 Vaches.
      1 Cable de   12 pouces.
      6 Pieces de Quaranthunier.
      1 Cable de Kaire de   16 pouces.

7 Oct. 1746. 100 Sacs de Bled.
      5 Dabars de Mantaigue.
    10 Sacs de Dal ou Quichery.
      1 Canaste de sucre.
      6 Barils de Gaudron.
      1 Baril de Bray grasse.
      1 Pipe de Tamarin.

Chargement du Vaisseau le Duc d'Orleans.

Celui-ci étant destiné pour suivre le sieur de la Bourdonnais dans ses expéditions, il y avoit fait embarquer les plus gros mortiers ; mais tout périt dans le coup de vent du 13 Octobre, il ne s'en est sauvé que six hommes.

27 Sep. 1746.   1 Mortier de Bronze de   13 pouces.
                  1 Do.   Id.   9 $\frac{1}{4}$

            2 Canons de fonte de 2 livres de calibre avec
                leurs affuts à roues.
            2 Canons de fer de 6 livres avec leurs af-
                futs & avantrain.
            2 Affuts pour Mortier avec leurs plattes
                bandes & anfpects.

Du 1 Oct.   1 Pacquet de frisé.
Du 4.   1 Cable d'Europe de   15 pouces.
            1 Grelin Id. de   6 pouces.
            1 Aussiere de $4\frac{1}{2}$
            1 Do.   4
            2 Do. de   6
            1 Do. de   4
Du 8.   17 Bariques de Viande salée.
        17 Do. pour le Lys.
Du 9.   14 Pieces de quaranthunier.
         1 Cable de Kaire de   14 pouces.
         6 Boeuf.s
Du 10.   1 Cable d'Europe de   13 pouces.
       15 Pipes Daracques.
        9 Bariques Do.
      61 Quarteaux Do.
Du 11.   4 Barils de Gaudron.
      12 Barils de Bray.
        1 Grelin d'Europe de   9 pouces.
        2 Pipes de Vin de Madere.
   120 Sacs de Bled.
Du 12.   80 Sacs de Bled.
        2 Pipes de Tamarin.
   200 Sacs de Ris.
    10 Dabars de Beurre.
     1 Cloche.
    40 Brasses de vieux Cable.
     1 Barique de sucre.
     1 Baril de Bray.
     8 Barils de Cloux.
     2 Bariques de Sel.
   14 Pinces ou pied de Chèvre de fer.

    24 Pieces de Salampouris pour pavillons.
    4 Cuirs.

13 Oct. 1746. 120 Sacs de Bled.
    12 Salampouris blanches.
    1 Rouleau de plomb.
    2 Auffiere de Kaire de   6 pouces.
    2 Dº. de   5
    2 Dº. de $4\frac{1}{2}$
    1 Dº. de   4
    13 Pieces Dº. de $3\frac{1}{2}$

Chargement du Vaiffeau la Charlotte, ci-devant la Princeffe Marie.

C'eft une prife Angloife faite à Madraz, nommée auparavant La Princeffe Marie. Le Sieur de la Bourdonnais l'avoit fait charger à Madraz; elle fut dématée dans le coup de vent, déchargée & laiffée dans la même rade fous le commandement du Sieur de la Villebague. Le Sieur Dupleix l'envoya fous les ordres d'un autre Capitaine à la Côte Malabare, où ce Vaiffeau a coulé bas, & l'Equipage a péri de mifere.

1746. Sep. 26. 160 Buches de bois rouge.
Du 27. 160 Sacs de Salpêtre   } Salpêtre.
    ci   160.
Du 28. 480 Sacs Salpêtre, ci   480 Dº.
Du 29. 260 Sacs Dº. ci   260 Dº.
Du 30. 360 Sacs Dº. ci   360 Dº.
Oct. 2. 60 Sacs Salpêtre   60 Dº.
    1 paquet de frife.
Du 3. 280 Sacs Salpêtre   280 Dº.
Du 4. 480 Sacs Dº. ci   480
Du 5. 240 Dº.   240

                    Total 2320 Sacs

Du 6. De l'autre part   2320 Sacs
          3 Auffieres d'Europe de 2 ½
          3 D°.   2
          1 Barique de Vin rouge.
Du 8.   32 pieces de quaranthunier
          2 Grelins d'Europe de   8 pouces
          2 Auffieres de   3
          1 D°. de   2 ½
          4 D°.   3 ½
          1 D°.   4
          1 Grelin de   7 pouces
         78 Balles de marchandifes
              ci   78 Bal.
Du 9.   1 Cable de Kaire de   13 pouces
          3 Bœufs
         78 Balles marchandifes.   78
Du 10. 150 Efteres pour grenier.
          6 Bœufs.
        238 Balles marchandifes.   238
         21 Balles de Drap.   21 drap.
Du 11.   1 Pipe de Vin de Madere.
         21 Voilles faites.
         49 Balles marchandifes   49
          9 Balles de drap   9
Du 12.   1 Vergue.
          1 Maft de peroquet.
          1 Bout de hors.
          4 Barils Gaudron.
          8 Balles Toille à voille   8
              d'Europe en piece
        105 pieces Toille à voille
              en pieces.
          1 Cloche.
         35 Voilles faites.
          2 Boucauts fil à voille.

          Total 2320 Sacs & 481 Balles

De l'autre part	2350 Sacs &		481 B.
	1 Affierre de 5 pouces.		
	1 D°. de 6 pouces.		
	49 Balles marchandifes		49
	21 Sacs pleins de gargouf-		
	fes.		
1746.Oct.12.	48 Bariques viande falée.		
Du 13.	8 Pieces de Kaire de	2 pouces $\frac{1}{2}$	
	7 D°. de	2	
	7 D°. de	1 pouce $\frac{1}{2}$	
Oct. 19.	24 Balles de marchandifes		24
	1 Mats de hune.		
	4 Dabars de mantaigue.		
	30 Sacs de Ris.		
Du 20.	2 Vergues.		
	1 Mats d'hune.		

Total 2350 Sacs & 554 B.

Débarquement dudit Vaiffeau la Charlotte,
après le coup de Vent.

1746. Oct. 21 au 25	3 Balles envoyées à bord du Vaiffeau l'Achille d'un Vaiffeau à l'autre		3
	541 Balles débarquées à Madraz	541	541
	544 Balles ci	544 D.	544 B.
	Il manque		10 B.
	Defquelles il y a 8 Balles de toille à voille		8
	De marchandifes il manque		2 B.
Du 25.	9 Bariques de viande falée débarquées.		

Chargement

Chargement du Vaisseau le Neptune.

Il fut chargé à Madraz *, dématé le 13 Octobre , laissé à* Pondichery *, renvoyé par le Sieur* Dupleix *à* Madraz *où les Anglois l'ont brulé sous le canon de la Ville.*

		Sacs de Salpêtres.	Balles de marchand.
1746. Sep. 26	2 Barils de Bray.		
	10 Troncons vieux cable.		
Du 28.	240 Sacs de Salpêtre ,	240 facs.	
Du 29.	2 Barils de Bray.		
	24 Troncons de Cable.		
	540 Sacs de Salpêtre ,	540	
Du 30.	520 Sacs de Salpêtre ,	520	
Du Oct. 1.	20 Sacs de Salpêtre ,	20	
Du 2.	160 Sacs de Salpêtre ,	160	
	1 Paquet de frise.		
Du 3.	2 Barils de Bray.		
	420 Sacs de Salpêtre ,	420	
Du 4.	140 Sacs Dº.	140	
Du 5.	198 Balles marchandises ,		198 B.
Du 6.	462 Balles Dº.		462
Du 7.	2 Canaftes Sucre.		
	125 Sacs de Ris.		
	1 Grelin d'Europe de 7 pouces.		
	1 Cable de 10 pouces.		
	3 Auffieres de 4		
	2 Dº. de 3 ½		
	450 Balles marchandises ,		450
	6 Bœufs.		
	1 Cable d'Europe de 16 pouces.		
Du 8.	1 Grelin d'Europe de 9 pouces.		
	1 Dº. 8 ½		
	1 Dº. de 8		
	9 Pieces quaranthunier.		

Total 2040 Sacs & 1110 B.

Montant de l'autre part 2040 Sacs & 1110 B.
108 Balles de marchandifes, ci   108
  17 Pipes de viande falée.
   6 Barils de Bray.

Oct. 10.   8 Pipes ou Legres Daraque.
  25 Quarteaux Daraque.
   1 Barique ditto.

D°. 11. 100 Sacs de Bled.
   5 Dabars de Baure.
   1 Pipe de Vin de Madere.
  10 Sacs de Dal ou quichery.
   1 Chaloupe.
   2 Grapins.

Du 12. 6 Cuirs.
  1 Vieux bout de Cable de 30
    braffe pour Europe.

Du 13. 1 Auffiere de Kaire de 6 pouces.
  1 D°. de   6 pouces.
  3 D°. de   5
  5 D°. de   4
  1 Pipe de Tamarin.
  1 Ancre de 3000 livres pefants

Du 20. 1 Mats de hune.
  1 Vergue.

        Total 2040 Sacs   & 1218 Balles.

Chargement du *Vaiffeau* le Phœnix.

Ayant auffi perdu fes Mats dans la même tempête, il ne revint plus à la Côte, & fit route pour l'Ifle de France, où il ne put fe rendre que 15 jours après le fieur de la Bourdonnais. Il y fut condamné, étant abfolument hors de fervice.

1746. Sep. 29	1 Cable d'Europe de	13 pouces.
	1 Ancre pefant	1400 liv.
Octobre 1	1 Pacquet de Frife.	
Du 4	1 Cable d'Europe de	18 pouces.

	1 D°. de	17
	1 D°. de	8
	1 D°. de	9
	1 D°. de	8 ½
	5 Pieces Cordages de	2 pouces.
Du 5	1 Ancre pefant	3500 liv.
	1 Ancre D°.	3000 liv.
Du 6	40 Braffes vieux Cable pour Fil-caret & Etoupe.	
Du 7	17 Pipes de Viande falée.	
	6 Barils de Gaudron.	
	1 Cable d'Europe de	9 pouces.
	1 D°. de	8
	2 Pieces Cordages de	4
	2 D°. de	3 ½
	8 D°. de	2 ½
Du 8	6 Bœufs.	
	10 Pipes Daraque.	
Du 9	125 Sacs de Ris.	
	100 Sacs de Bled.	
	10 Sacs de Dal ou Quichery.	
	5 Dabars de Mantaigue.	
	1 Pipe de Tamarin.	
	1 Canafte de Sucre.	
	1 Pipe Daraque.	
	1 Barique Daraque.	
Du 11	7 Barils ou Quarteaux Daraque.	
	2 Barils de Gaudron.	
	4 Cuirs.	
	7 Avirons.	
	20 Paquets de Rotin.	
Du 12	49 Caiffes d'Armes de 25 fufils, Bayonettes, &c.	
	2 Jares d'Huile.	
	20 Sacs de Sel.	
	36 Pieces de Salampouris écrus.	
Du 13	1 Mortier de Bronze de	9 à 10 pouces.
	1 Mortier Id. de	9

6 Barils de Cloux.
3 Mortiers à Grenades Royales
   & leurs affuts.

2 Cables de Kaire de	7 pouces.
2 Pieces de	4
5 Pieces de Kaire de	$3\frac{1}{2}$
1 Pieces D°. de	5 pouces.

Chargement du Vaisseau le Bourbon.

Ce fut un des plus maltraités le 13 Octobre. Le sieur de la Bourdonnais le laissa à Pondichery, où le sieur Dupleix voulut s'en servir pour une de ses Expéditions sur Goudelour. L'entreprise ayant manqué, les Anglois forcerent ce Vaisseau de s'échouer devant Pondichery.

1746. Sep. 27	2 Chaises roulantes.	
Octobre 1	1 Paquet de Frise.	
Du 7	17 Pipes de Viande salée.	
Du 8	1 Cable d'Europe de	9 pouces.
	3 Pieces Cordages de	3 pouces.
	1 Piece Id. de	$3\frac{1}{2}$
	1 Grelin de	7 pouces.
	1 Aussiere de	8 pouces.
	5 Pieces Cordages de	$2\frac{1}{2}$
	6 Pieces de	2
Du 9	1 Cable de Kaire de	15 pouces.
	3 Bœufs.	
	7 Pipes Daraque.	
	1 Pipe de Tamarin.	
Du 10	28 Quarteaux Daraque.	
	1 Barique de Sucre.	
	2 Quarteaux Daraque.	
Du 11	1 Pipe de Vin de Madere.	
	1 Grelin d'Europe de	5 pouces.
	1 D°. de	$4\frac{1}{2}$

2 Barils de Gaudron.
5 Barils de Bray.
100 Sacs de bled de **Suratte.**
125 Sacs de Ris.
5 Dabars de Mantaigue.
10 Sacs de Dal ou Quichery.

Du 12   1 Cable d'Europe de   12 pouces.
            1 Grelin de   6 pouces
            1 Piece de $3\frac{1}{2}$
            1 Cable d'Europe de   16 pouces.
            5 Cuirs.
          20 Sacs de Sel
            1 Mortier de fonte de   8 pouces.
            1 Mortier Id. de   8 à 9 pouces.
            6 Barils de Cloux.
          26 Pelles de bois ferrées.
            3 Mortiers de fonte à grenades
               Royales avec leur affuts.
            4 Cuirs.
          60 Sacs de Bled.
            2 Barils de Gaudron.
            1 Aussiere de Kaire de 5 p. $\frac{1}{2}$
            2 D°. de   5 pouces.
            1 D°. de $4\frac{1}{2}$
            1 D°. de 4.
          16 Piecs de $3\frac{1}{2}$
            3 Pieces de $2\frac{1}{2}$

Du 17   2 Ancres enjouallés de   3000 liv. chaque.
Du 19   4 Vergues.

Chargement du Vaisseau l'Achille.

Ce Vaisseau que montoit le Sieur de la Bourdonnais fut démâté de tous mâts six jours après être forti de l'Isle de France, remâté à l'Isle Marote, démâté encore à Madraz, remâté avec des bouts de mâts; ramené aux Isles, battu d'une tempête affreuse en doublant le Cap, & con-

duit par le Sieur de la Bourdonnais jusqu'à la Marti-
nique, d'où il est revenu en France. C'est le seul de tous
ces Vaisseaux qui ait fait son retour en Europe.

1746. Sep- tembre 30.	1 Paquet de Frise. 1 Palanquin emballé. 3 Figures de cuivre, Divinités des Gentils. 1 Palanquin emballé. 1 Paquet de Tableaux avec leurs glaces. 1 Grande Caisse. 2 Sacs remplis de figures de cuivre, Divi- nités des Gentils. 2 Tableaux.
Octobre 4.	1 Chaise roulante. 1 Tableau. 1 Chaise à porteurs. 2 Lanternes. 1 Miroir. 1 Balle FP. N°. 34, cy ⁑ 1 Balle.
Du 7.	2 Cables d'Europe de 9 pouces. 2 D°. de 8 $\frac{1}{2}$. 1 Aussiere de 6 2 D°. de 5 1 D°. 4 $\frac{1}{2}$ 3 D°. 4 3 Piéces de 3 pouces. 12 Pipes de viande salée.
Du 8.	2 Aussieres d'Europe de 4 pouces. 1 Cable de 9 2 Piéces de 3 $\frac{1}{2}$ 12 Pipes de viande salée.
Du 9.	2 Pipes de Tamarin. 1 Cable de Kaire de 16 pouces. 1 Pipe de Farine. 1 Barique de Graisse.
Du 10.	7 Piéces Cordages d'Eu- rope de 3 pouces.

1746. Octo- bre 10.	6 D°. de	2 $\frac{1}{2}$
	2 D°. de	2
	MB Deux Caiffes.	
	4 Caiffes fans marque.	
Du 11.	1 Cable d'Europe de	10 pouces.
	1 Grelin de	7 $\frac{1}{2}$
	3 D° de	6
	2 D°. de	5
	1 Cable de	8 pouces.
	1 D°. de	19 pouces;
	2 Piéces de quaramhunier.	
	4 Barils de Gaudron.	
	11 Cuirs.	
	28 Haches Darmes.	
	10 Pipes Daraque.	
	46 Quarteaux Daraque.	
	6 Bœufs.	
	1 Caiffe fans marque & numero.	
	1 Barique Daraque.	
Du 12.	240 Sacs de Bled.	
	2 Pipes de Vin de Xeres.	
	34 Sacs de Bifcuit.	
	23 Bariques de Farine.	
	1 Cloche.	
	1 Baril de Cloux.	
	3 Sacs de Cloux.	
	10 Haches d'armes.	
	1 Rouleau de Plomb laminé.	
	6 Torquettes de fil de fer.	
	6 Bœufs.	
	2 Cables d'Europe de	18 pouces.
	51 Bariques de viande falée.	
	2 Pipes de Vin de Madere.	
	1 Barique d'Huile.	
	2 Quarteaux de Sucre.	
Du 13.	1 Auffiere d'Europe de	8 pouces.
	2 Grelins d'Europe de	9 $\frac{1}{2}$
	7 Cuirs.	

1746. Octo- 40 Braffes de vieux Cable d'Europe.
bre 13.   4 Caiffes de Crifteaux.
               2 Caiffes marquées [MBR] cy   2 Caiffes.
              90 Sacs de Bled.
              21 Pipes Daraque.
               1 Auffiere de Kaire de   7 pouces.
               1 D°. de   6
               2 D°. de   4
               2 Piéces de   3 $\frac{1}{2}$
               4 Piéces de   2

Du 17.   2 Chelingues chargées de différentes pou-
                 lies, cap de mouton, mocques, &c.
              50 Sacs de Ris.
               3 Rouleaux de Plomb en table.

Du 18.   1 Auffiere d'Europe de   4 pouces.
               2 Auffieres de Kaire de   5 p. $\frac{1}{2}$
               6 Piéces id. de   4 $\frac{1}{2}$
               1 D°. de   3 $\frac{1}{2}$
               1 D°. de   4
               2 D°. de   6 pouces.
               2 D°. de   5 $\frac{1}{2}$
               4 D°. de   2
               2 D°. de   3 $\frac{1}{4}$
               1 D°. de   2 $\frac{1}{2}$
               2 D°. de   2
               2 Piéces de Lignes.
               1 Auffiere d'Europe de   5 pouces $\frac{1}{2}$
             200 Sacs de Ris.
               2 Chelingues chargées de différentes poulies,
                 cap de mouton, mocques, &c.
               1 Pipe d'Huile.
               1 Canot neuf.

Du 19.   1 Mats de hune.
               9 Piéces vergues, matéreaux & efparts.
              18 Sacs de Dal.
              25 Dabars de Baure.
               5 Piéces de bois de Tek travaillées pour
                 Longis & Barres d'hune, &c.
                                             1 Pipe

1746. Octo- bre 19.	1 Pipe de Tamarin.
	1 Chaudiere.
	6 Sacs de Souphre.
	200 Différentes Poulies.
	67 Sacs de Ris fin blanc.
Du 20.	2 Pipes de Vin de Madere.
	70 Sacs de Ris ordinaire.
	5 Sacs de Dal ou Quichery.
	25 Dabar de Baure.
	1 Ancre pesant 4923 liv.
	1 Pipe de Tamarin.
	7 Mortiers de bois avec leurs pillons pour piller le Ris.
	1 Caisse de Miroirs.
	600 Boulets de 12 à 14 & 16 liv.
	20 Barils de Poudre de guerre.

1 GF }
M B } 1 Balle.

2 G }
M B } 2

S F }
M B } 1

S O }
M B } 2

C P }
MB } 1
____

cy 7 Balles.

	2 Pipes de Sel.
Octobre 21.	2 Palanquins pour Messieurs de Font-Brune & Rostaing.
	3 Bamboux pour lesdits Sieurs.
	2 Malles.
	Nº. 1 à 7 Sept Caisses de 4000 Piastres chaque.
	1 Jarre d'Huille.
	1 Barique de Sel.
	1 Dabar de Mantaigue.
	2 Bariques Daraque.

12 Torquettes de fil de fer.
 2 Sacs de Fil à voile de Bengale.
50 Sacs de Bled.
 1 Ancre pesant 2500 liv.
50 Sacs de Ris fin.
 2 Palanquins emballés.
 2 Bamboux.
400 Boulets de 12, 14 & de 16 liv.
 1 Barre de Gouvernail.
 1 Mats de hune.

Octobre 22.   1 Barique Aracque.

2 Caisses marquées $\left. \begin{matrix} MB \\ BV \end{matrix} \right\}$ cy   2 Caisses.

2 Balles marquées $\left. \begin{matrix} MB \\ AH \end{matrix} \right\}$ cy   2 Balles.

Chargement de 5. Tonis pour Pondichery.

Especes d'embarcations du pays, dont la charge étoit destinée pour Pondichery.

13 Oct. 1746. Le Tonis de Cadré poullé chargé de 60 Saumon Plomb.

Le Tonis de mouna poullé de	80
Le Tonis Dapatchy poullé	100
Le Tonis de Mirana Maracayan	60
Le Tonis de Vingata chety	60
5 Tonis chargés de Plomb.	360 Saumons.

Lesquels ont péris & coulés à fond la nuit du 13 au 14 Octobre dans le coup de vent.

Du 26. *Chargement du* Tonis *de Miranaya poullé.*

SÇAVOIR,

41 Grapins de différentes pesanteurs.
60 Saumons de Plomb.

Chargement du Tonis de Saïdou Monhamet.

SÇAVOIR,

27 Oct. 1746. 4 Gros Grapins avec des anneaux aux pattes.
150 Saumons de Plomb.

Nota. Ces deux derniers Tonis ont été expédiés pour Pondichery.

Chargement du Tonis de Moëlian Nainam.

SÇAVOIR,

3 Gros Grapins avec un anneau aux pattes.
150 Saumons de Plomb.

Je souffigné certifie avoir remis au Greffe du Conseil Supérieur une Copie du présent Livret, pour y avoir été contraint & condamné par corps : ce que j'ai fait ce jour dix-sept Février 1749. Signé *COTTEREL.*

Les autres Vaiffeaux dont il n'eft point parlé dans cet Etat étoient reftés à Pondichery & n'ont point paru à Madraz du tems du fieur de la Bourdonnais.

Reliure serrée

COMPTE DU PRODUIT DE LA CAMPAGNE DE MADRAZ,

SOUS LES ORDRES DU SIEUR DE LA BOURDONNAIS,

POUR LE COMPTE DE LA COMPAGNIE DES INDES.

Avec l'Estimation de la valeur, à peu près, de chaque objet, suivant le prix des Indes. *

Agrez & Apparaux fournis à chaque Vaisseau.

Noms des différens vaisseaux qui ont embarqué des effets à Madraz.	Vaisseau pris	Cables de P. 19 & 18	Cables de P. 17	Cables de P. 16	Cables de P. 15	Cables de P. 14	Cables de P. 13	Cables de P. 12	Cables de P. 11	Cables de P. 10	Grelins de P. 9	Grelins de P. 8	Aussieres de P. 7	Aussieres de P. 6	Aussieres de P. 5	Filin de P. 4	Filin de P. 3	Filin de P. 2	Filin de P. 1	Ancres de sonde	Goudron, Baril	Bray, Baril	Chaux, Baril	Voiles faites	Balles de Filfi
Prise LE BRILLANT.																									
Saint-Louis.																									
Duc d'Orléans qui portoit les provisions du Lys à Pondichery.																									
Prise La Pauvrette, nommée par les anglois, La Charlote.																									
Neptune.																									
Phenix.																									
Bourbon.																									
Achille, Commandante.																									
Total des effets.	1	5	2	5	2	1	4	5	7	5	15	14	6	18	27	82	58	64	70	7	37	37	32	56	8
Prix de chaque chose en Pagodes.	10000	300	250	225	200	175	150	125	100	80	65	50	35	25	10	5	4	3	2	100	5	4	8	50	50
Total de la valeur de chaque espece d'effets.	10000	1500	500	1125	400	375	600	725	700	40	975	700	210	450	270	410	232	192	140	700	185	148	256	2800	400

Vivres & Boissons.

	Vin de Madere, B.	Araque, Bottes	Ris en Sac	Bled en Sac	Viande salée, Barr.	Tamarin, Barr.	Sucre Candie	Boeuf en vie	Mouttons, Jarc.
Prise LE BRILLANT.		2	30	4	1				4
Saint-Louis.	1	23	120	100	17	1	1	6	5
Duc d'Orléans.	8	39	200	320	34	2	2	6	10
La Charlote.	1	1	50		57		2	9	4
Neptune.	1	18	125	100	17	1	2	6	5
Phenix.	1	17	125	110	17	1	1	6	5
Bourbon.	1	17	125	160	17	1	1	3	5
Achille, Commandante.		36	367	380	75		2	12	50
Total des effets.	13	152	1122	1174	235	11	10	48	88
Prix de chaque chose en Pagodes.	40	30	1½	1½	20	5	5	5	5
Total de la valeur de chaque espece d'effets.	520	4560	1683	1761	4700	55	50	240	440

Artillerie.

	Mortiers, 13 pouces	Mortiers, 10 pouces	Canon de 2, fonte	Canon de 6.	Fusils	Poudre, Barrils	Boulets différens
Prise LE BRILLANT.							
Saint-Louis.							
Duc d'Orléans.							
La Charlote.							
Neptune.							
Phenix.					1225		
Bourbon.							
Achille, Commandante.						25	1000
Total des effets.	1	5	2	2	1225	25	1000
Prix de chaque chose en Pagodes.	150	100	50	50	4	16	⅛
Total de la valeur de chaque espece d'effets.	150	500	100	100	4900	400	125

Marchandises.

	Balles de Drap	Balles des Indes	Salpetre, Sac	Balles, Toiles à Voile	Bois rouge
Prise LE BRILLANT.					
Saint-Louis.	615		2000		
Duc d'Orléans.					
La Charlote.	30	554	2320	150	160
Neptune.		1218	2040		
Phenix.					
Bourbon.					
Achille, Commandante.					
Total des effets.	645	1772	6360	150	160
Prix de chaque chose en Pagodes.	150	100	3	25	¼
Total de la valeur de chaque espece d'effets.	96710	17720	19080	2250	40

Total de chaque Partie. — AGREZ & APPARAUX 24193 — VIVRES 14009 — ARTILLERIE 6275 — MARCHANDISES 295320

		Pagodes			Monnoye de France
Total général de la valeur embarquée dans les différens Vaisseaux,			339797	à 8 £ 10 s. la Pagode, fait monnoye de France,	2888274 £ 10 s.
Argent trouvé dans la Ville de Madras, appartenant à la Compagnie d'Angleterre,	Roupies 252186,	à 320 pour 100 Pagodes	78808		669868
Pour la valeur des deux Prises, le Sumatra & le Bridear, argent comptant, / Valeur des Vaisseaux & Effets,	{79208 / 21000}	100008	31315		266177 10
Montant des Effets que le Sieur de la Bourdonnais a remis en nature dans les Comptoirs ou sur les Vaisseaux de la Compagnie,		1100000	449920		3824320 A
Pour le Montant de la valeur de la Rançon, / Pour ce qui restoit à prendre en nature à Madras, Artillerie, Ancres, Plomb, Bois rouge, Ustenciles, &c.	Pagodes {1100000 / 60000}	1160000			9860000 B
Total général de la valeur des Prises faites par le Sieur de la Bourdonnais, dans son Voyage des Indes,		1669920 Pagodes.			13684320 C

Par le présent Compte, on voit que la Campagne du Sieur de la Bourdonnais en 1746, rapportoit à la Compagnie, en Effets ci-dessus mentionnés, 3 millions 824 mille 320 livres A, qu'il a remis aux Vaisseaux ou Comptoirs de la Compagnie. Il a laissé à Messieurs de Pondichery, en Effets à prendre en nature à Madras, Lettres de Change & Billets sur la Compagnie d'Angleterre, 9 millions 860 mille livres B; ce qui fait 13 millions 684 mille 320 livres C, que la Compagnie eût retirés des Prises faites par le Sieur de la Bourdonnais aux Indes, sans aucuns frais ni dépenses que celles de l'Escadre, si l'on eût suivi les Arrangemens de la Rançon de Madras.

Reste à voir le Compte du Sieur Dupleix depuis 1746, tous frais payés, pour juger par l'événement qui des deux a fait le profit de la Compagnie.

Il fera observer que l'on a estimé les différens Effets au plus bas prix, & même au dessous, en sorte qu'il n'y aura personne au fait du Commerce des Indes, qui n'estime le Total de ce Compte à quinze Millions.

De l'Imprimerie de BALLARD, seul Imprimeur du Roi pour la Musique, & Noteur de la Chapelle de sa Majesté, rue Saint-Jean-de-Beauvais, à Sainte Cécile, 1751.

www.ingramcontent.com/pod-product-compliance
Ingram Content Group UK Ltd.
Pitfield, Milton Keynes, MK11 3LW, UK
UKHW022351070726
13614UKWH00003B/1166